Trecos, troços e coisas

Daniel Miller

Trecos, troços e coisas

Estudos antropológicos sobre a cultura material

Tradução:
Renato Aguiar

ZAHAR

Título original:
Stuff

Tradução autorizada da primeira edição inglesa,
publicada em 2010 por Polity Press,
de Cambridge, Inglaterra

rua Marquês de S. Vicente 99 – 1º | 22451-041 Rio de Janeiro, RJ
tel (21) 2529-4750 | fax (21) 2529-4787
editora@zahar.com.br | www.zahar.com.br

Grafia atualizada respeitando o novo
Acordo Ortográfico da Língua Portuguesa

Preparação: Angela Ramalho Vianna | Revisão: Vania Santiago, Mônica Surrage
Indexação: Gabriella Russano | Composição: Mari Taboada | Capa: Dupla Design
Fotos da capa: © Mark III Photonics/Shutterstock.com; © Michael Shake/Shutterstock.com

CIP-Brasil. Catalogação na fonte
Sindicato Nacional dos Editores de Livros, RJ

Miller, Daniel, 1954-
M592t Trecos, troços e coisas: estudos antropológicos sobre a cultura material/Daniel Miller; tradução: Renato Aguiar. – Rio de Janeiro: Zahar, 2013.

Tradução de: Stuff
Inclui índice
ISBN 978-85-378-1057-6

1. Cultura material. I. Título.

CDD: 306
13-0733 CDU: 316.7

Sumário

Prefácio
Minha vida como extremista

Nem pense, apenas não peça nem espere uma definição clara de "treco". Sem dúvida, segundo algumas tradições acadêmicas, o conhecimento é mais bem-transmitido pelas definições claras. Talvez isso seja essencial nas ciências naturais. Pessoalmente, porém, sempre tive horror ao que considero semântica pedante. Tentar determinar os critérios exatos pelos quais algumas coisas seriam excluídas de *treco*, talvez por serem menos tangíveis, ou transitórias demais, representaria um exercício vão. Um treco é um e-mail ou uma moda, um beijo, uma folha ou uma embalagem de poliestireno? Este livro fala da variedade de coisas que podemos chamar de treco, mas em parte alguma, aqui, você encontrará qualquer tentativa de definição do termo. A meta, antes, é apresentar minha própria perspectiva sobre o estudo da cultura material, um conjunto de pesquisas que se interessam principalmente por trecos. Cultura material não é mais bem-definida que treco. Na prática, esses estudos se inspiraram em temas e perspectivas interessantes, mais que em subdisciplinas definidas, absorvidas em interesses próprios, e no entanto fora do campo aqui em atuação. A cultura material prospera como substituta indisciplinada de uma disciplina: é inclusiva, abrangente, original, às vezes com pesquisas e observações peculiares.

A cultura material, enfim, começa por mera casualidade na história das disciplinas acadêmicas estabelecidas. Algumas destas últimas são óbvias: há língua, portanto, há linguistas. Outras, pensando bem, parecem bizarrices. O estudo das rochas está alocado na geografia, mas depois, de algum modo, o estudo do tráfego vem se somar à mistura. Contudo, ninguém pensou numa disciplina acadêmica cuja área específica de estudo fossem os artefatos, o mundo dos objetos criados pelos seres humanos. Mas poderia ter sido diferente. Pense no quanto as disciplinas acadêmicas estabelecidas, da arqueologia à arquitetura, da sociologia ao design, necessitam de teorias e perspectivas sobre esse mundo material. Se o estudo da cultura material tivesse existido durante o último século em milhares de universidades, ela seria aceita como fato tão consumado e pacífico quanto hoje é a linguística. Mas isso não aconteceu, e não é propósito deste livro criar uma disciplina onde não há. Ao contrário, ele busca dar boas-vindas a essa aberração; adotar a abertura de não ter sido excessivamente disciplinada. Como designação, treco serve muito bem. Não estabelecer uma disciplina não quer dizer que os estudos sobre trecos careçam de substância ou consequência. As pesquisas sobre a cultura material estão ganhando reconhecimento como uma contribuição vital para meia dúzia de disciplinas estabelecidas, da arqueologia ao design. Nós provemos muitas teorias e abordagens analíticas, por exemplo, ao debater a natureza específica e as consequências da materialidade. Várias delas são discutidas ao longo deste livro.

Este não é um texto didático nem uma avaliação sistemática da extensão dos estudos da cultura material. A maior parte de trabalhos desse tipo mal é mencionada aqui. O livro pretende ser um exame retrospectivo de minhas próprias pesquisas anteriores. A proposta inicial era de uma reunião dos meus trabalhos já publicados. Mas sempre achei que, em alguns aspectos, falta alguma coisa à coletânea. Em geral, ela exige pouco esforço, em parte porque não exige que se repense o material anterior à luz do trabalho posterior; ao mesmo tempo, assim que o livro é publicado, começo a enxergar apenas suas deficiências. Felizmente, essas introspecções são limitadas pelo fato de que escrevo principalmente como antropólogo. Isso significa que a maior parte dos meus textos é sobre algo muito mais interessante do que eu ou minhas ideias – é um relato de outras pessoas, suas práticas, cosmologias e concepções. Como relatos de terceiros, pode-se esperar que conservem o tanto que tinham a ensinar na época em que foram elaborados. Assim, preferi não criar uma reunião de ensaios, e sim reescrever em parte o corpus passado.

Outro problema da coletânea é a seletividade. Em contraste, um exame retrospectivo permite considerar o trabalho passado mais holisticamente. Assim, este volume busca tanto justapor quanto relacionar teorias sobre trecos, antropologia aplicada, reportagem etnográfica e análise de gêneros particulares de vestimenta, casa e mídia. Em última instância, há muitas razões pelas quais você deve prestar atenção aos trecos, e este livro tenta reuni-las. Toda a pesquisa aqui presente foi empreendida sob os auspícios da antropologia e usando as metodologias dessa disciplina. Ele é, portanto, um complemento de outros trabalhos sobre cultura material mais orientados para disciplinas como design ou filosofia.[1] Também deve muito ao contexto específico do Departamento de Antropologia da University College London, a partir de onde toda a pesquisa foi realizada. Minha própria pesquisa ocupou um nicho específico no interior de uma diversidade ecológica de ideias que colonizam outras áreas de alimentação para a cultura material, conduzidas por meus colegas no Departamento, entre as quais antropologia da arte, estudos museológicos, administração da herança cultural, antropologia visual e antropologia da paisagem e da arquitetura. Nossa coletividade está representada no *Journal of Material Culture*, que editamos, e em muitas outras publicações. Eu também tenho um blog, www.materialworldblog.com, com colegas da UCL e de outras universidades. Ao mesmo tempo que este volume representa quase inteiramente o meu próprio trabalho, e não o do grupo mais amplo, fico feliz em reconhecer a extensão em que minha pesquisa foi constantemente informada por meus colegas. Ela foi ainda influenciada por mais de quarenta doutorandos, e alguns de seus trabalhos são aqui debatidos.

O livro foi concebido como um relato provisório, e não como uma palavra final. Recentemente, dei início a vários projetos sobre assuntos que se estendem desde o jeans globalizado até o uso de mídias por migrantes para manter relações a distância. Tomara que sua consolidação possa criar uma plataforma acadêmica mais alta para o lançamento de futuros trabalhos. Mas a fundação é construída com os tijolos da própria cultura material. O argumento central, aqui, é um paradoxo: a melhor maneira de entender, transmitir e apreciar nossa humanidade é dar atenção à nossa materialidade fundamental. Talvez pareça que isso só vale para o nosso presente particular – uma consequência da escala absoluta do consumo contemporâneo e suas implicações para o ambiente e outros debates éticos. Não acredito que seja o caso. Vou argumentar que sociedades não industriais são culturas tão materiais quanto a nossa. Este livro fala de sociedades de consumidores e de não consumidores.

O leitmotiv deste livro é um questionamento da oposição, vigente no senso comum, entre pessoa e coisa, animado e inanimado, sujeito e objeto. Em alguma medida, a ciência tem conseguido evitar isso. Novas formas de biomedicina desafiam constantemente o modo como pensamos sobre temas tais como corpo e percepção. Antropólogos como Donna Harraway, Emily Martin, Marilyn Strathern e Bruno Latour têm examinado essas consequências na ciência, em especial as descobertas biomédicas, bem como as linguagens e imagens que usamos para transmiti-las. Aqui, em contraste, estou interessado em desenvolvimentos na ciência social, e não na ciência natural, e no encontro qualitativo da antropologia com a diversidade dos povos e a crescente diversidade das coisas.

Trecos são ubíquos e problemáticos. Porém, quaisquer que sejam nossos medos ou preocupações ambientais com o materialismo, não seremos ajudados por uma teoria dos trecos nem por uma atitude que simplesmente nos oponha a eles; como se quanto mais pensássemos nas coisas como se elas fossem alienígenas ou estranhas mais nos mantivéssemos sacrossantos e puros. A ideia de que os trecos de algum modo drenam a nossa humanidade, enquanto nos dissolvemos numa mistura pegajosa de plástico e outras mercadorias, corresponde à tentativa de preservar uma visão simplista e falsa de uma humanidade pura e previamente imaculada. Há bons e péssimos usos da antropologia. Um dos péssimos é o primitivismo, ao supor que, como os povos tribais não possuíam muitos trecos, eram necessariamente menos materialistas. Ao contrário, algumas das mais sofisticadas relações com as coisas podem ser encontradas entre povos como os aborígines australianos ou os índios norte-americanos da costa noroeste, cujas posses materiais parecem desprezíveis em comparação com as dos londrinos modernos.

Além disso, não ter coisas não significa que você não as queira. Um índio amazônico pode estar muito mais desejoso de possuir coisas do que nós, e simplesmente não ter meios para obtê-las. O antropólogo Stephen Hughes-Jones, que dedicou muitos anos à pesquisa amazônica, ficou chocado com o desejo ávido de bens entre pessoas que até então não possuíam quase nada.[2] Talvez não seja isso que as bandas pop queiram que acreditemos sobre os povos da Amazônia; pessoalmente, porém, o que procuro em grupos pop é música, não antropologia. De todo modo, por que haveríamos de querer privar os índios amazônicos das delícias da música pop? Esse modelo do selvagem nobre, não materialista, é inteiramente inútil e vão. Tudo que ele logra é uma suposição de pureza perdida. Ele nos faz sentir alienados e poluídos simplesmente por sermos quem somos. Em vez disso, este livro tenta confrontar os trecos: reconhecê-los, respeitá-los; nos expor à nossa própria materialidade, e não negá-la. Meu ponto de partida é que nós também somos trecos, e nosso uso e nossa identificação com a cultura material oferecem uma capacidade de ampliar, tanto quanto de cercear, nossa humanidade. Minha esperança e minha intenção é que o livro possa demonstrar como e por que uma apreciação mais profunda das coisas nos levará a uma apreciação mais profunda das pessoas.

Já há algum tempo comecei a me empenhar para me tornar extremista, algo que considero nobre ambição, pelo menos para um antropólogo. Na verdade, ser extremista resume mais ou menos o que quero dizer por ser antropólogo. Ao mesmo tempo que em geral antipatizo com rótulos disciplinares e trabalho em colaboração com pesquisadores admiráveis de muitas outras disciplinas, estou comprometido com o que vejo como a qualidade radical da antropologia. Nesse ponto, porém, suponho que seja melhor explicar por que eu consideraria o extremismo, nesse contexto particular, uma busca tão elevada. Eu diria que uma das caracterizações menos controversas que alguém pode fazer do mundo moderno é que ele mostra uma tendência sempre crescente à particularização; e, ao mesmo tempo, à universalização. Por outro lado, há uma proliferação de diversidades em termos de ocupações, mercadorias, experiências e relacionamentos. Um londrino pode trabalhar como relações públicas de uma corporação ou como incinerador de lixo, jogar Nintendo Wii ou vôlei de praia, e adorar karaokê ou tequila. Ao mesmo tempo, criamos instituições baseadas em universais implícitos, como direitos da criança, tecnologia da internet, neoliberalismo ou um currículo de química, com a ambição de alcançar todos os povos do mundo. Numa ponta do espectro, nos tornamos cada vez mais particulares como indivíduos, em nossos trabalhos, gostos, práticas e interesses. Na outra ponta, recorremos a aspirações cada vez mais universais, algumas das quais subscrevemos; mas a maioria delas não depende de nossa assimilação ativa. A maior parte, como direitos humanos e serviços médicos, floresce na forma de instituições que trabalham em prol da universalidade na prática. Claro, esses dois processos estão ligados. As instituições são mais universais à medida que abrangem uma particularidade crescente.

A ampliação simultânea de particularidade e universalidade é uma maneira de definir o mundo moderno. A ideia era central para a tradição filosófica dialética e está mais intimamente associada ao trabalho de Hegel. Este é um fundamento filosófico ao qual farei referência várias vezes aqui, pois dá suporte a meu próprio trabalho. Como deveriam os estudiosos responder a essa condição? Eu acho que a maioria das disciplinas responde pesquisando em algum tipo de campo intermediário. Toda ciência social ou ciência natural da pessoa, como a psicologia, que procede por testes de hipóteses, tende a se concentrar em algum pequeno elemento de previsibilidade. Eu proporei uma teoria ou análise que possa ser testada em comparação com uma observação relativamente limitada e amiúde controlada. Ao solicitar um financiamento de pesquisa, a maioria dos profissionais apresenta o projeto baseado numa relação totalmente imediata entre um comportamento particular e uma generalização ou causa específica. É a classe ou a etnicidade que se correlaciona melhor ao desempenho educacional na Grã-Bretanha? Como as pessoas mais idosas em Chicago reagem quando a gente as olha diretamente nos olhos, ou quando as olha indiretamente? Os sérvios acham que ficam mais resfriados quando faz frio?

A antropologia com a qual estou comprometido evita esse tipo de teste de hipótese. Meu problema, quando busco financiamento para pesquisa, é que, invariavelmente, minha única hipótese de fato é de que quase não faço ideia do que irei encontrar quando partir para o trabalho de campo. Essa suposição sempre se mostrou correta. Ao viver no seio de outra comunidade, presumo que minhas descobertas mais importantes serão sobre coisas que ninguém suspeitaria existir antes de morar ali. Ora, se você não sabe que elas existem, como pode ter criado hipóteses sobre elas? Na minha experiência, um pesquisador inconsistente e que aproveita as oportunidades tende a ser muito mais original e produtivo que os pesquisadores consistentes, que realizam suas propostas iniciais.

Eu não sigo essa busca do campo médio da pesquisa acadêmica – o campo de testes. Isso porque compreendo que o objetivo primário da antropologia é cumprir um ideal que derivo originalmente de Hegel. O problema central enfrentado pelo mundo moderno é que universalismo e particularismo, com imensa facilidade, perdem o contato um com o outro. Finanças, teorias, aspirações de ser bom ou boa podem todos assumir uma forma universalista abstrata. Mas, então, estão fora de sincronia com a real diversidade dos negócios, da análise e da ética do dia a dia. Assim, a proposta da antropologia é trazer esses dois aspectos de volta, em diálogo um com o outro, reconhecendo um ao outro. Afinal, provavelmente não há nenhuma disciplina tão comprometida com o particularismo quanto a antropologia. Um princípio de sua pesquisa é o relativismo. Realizamos trabalho de campo quando passamos um ano participando da vida de membros de uma igreja apostólica no Zimbábue, de cultivadores de arroz no noroeste da Tailândia, de famílias filipinas que foram separadas, ou quando saímos sequiosos atrás de bandas pop em Manchester. Ninguém espera que reivindiquemos autoridade para escrever sobre essas comunidades antes de termos ficado completamente imersos na vida cotidiana desses grupos muito específicos. Nossa metodologia, conhecida como etnografia, consiste tipicamente em viver com os grupos por um ano ou mais, falando sua língua e participando de suas atividades, como cozinhar e fazer faxina.

Esse é um mundo à parte do universo das pessoas que ficam satisfeitas com questionários, grupos de amostragem e experimentos. Antropólogos podem se tornar tão radicais que qualquer generalização parece suspeita. Sim, aquela família balinesa usava uma palavra que traduzimos por amor, mas o pessoal do vale seguinte a empregava de maneira um pouquinho diferente, como fazem as mulheres em comparação aos homens, ou as mulheres mais jovens em comparação às adultas. Pensando bem, parece que eles a empregam de modo um pouco diverso este ano em comparação ao ano passado. Assim, como poderíamos dizer o que a palavra amor significa para um povo que generalizamos excessiva e drasticamente toda vez que usamos o termo balinês? O relativismo extremo está condenado ao paroquialismo extremo – aflição comum entre antropólogos.

Contudo, ao mesmíssimo tempo, a antropologia é uma disciplina dedicada a universais, e sempre produzirá ideias como o estruturalismo de Lévi-Strauss, o princípio da dádiva, as versões antropológicas do marxismo ou da psicanálise, as experiências negociadas, as consequências da nossa materialidade. Nossas teorias parecem transcender todas essas particularidades. A própria cultura é vista como binária, ou fundada na troca ou no parentesco, ou em oposição à natureza. Nós tentamos escrever um livro sobre *trecos*. Algumas de nossas generalizações são tão vastas que chegam a assustar. A vantagem do compromisso simultâneo com esses dois extremos, particularidade e generalidade, é que a antropologia pode dar sua contribuição mais importante para a compreensão da humanidade ao recolocá-los em conexão, sem perder o compromisso com cada um deles. Nesse sentido, a disciplina, que muitos julgam olhar para trás, mirando manifestações anteriores de humanidade, na verdade está singularmente equipada para enfrentar os dilemas centrais da vida moderna.

É comum que bons trabalhos antropológicos revelem o particular como manifestação do universal. Assim, há neoliberalismo regional. A Coca-Cola está em toda parte, mas significa coisas ligeiramente diferentes em cada localidade. O dom é baseado numa obrigação de retribuí-lo, mas isso funciona de modo diverso no seio do sistema chinês guanxi e nos hau maoris. Minha colega Mukulika Benerjee é perita em democracia. Ela pesquisou por que as pessoas se dão ao trabalho de votar em certo povoado indiano. Por sua vez, isso significa compreender como esse povoado reage às pretensões universais da democracia como ideal. A democracia como prática e como consequência varia de lugar para lugar, todavia não pode ser compreendida sem também reconhecermos sua autoridade como aspiração ou conceito global. Talvez não haja nenhum capitalismo, mas apenas capitalismos. Portanto, desejo ser extremista porque isso representa o compromisso de manter contato, simultaneamente, com os extremos de universalismo e particularismo na vida moderna.

Por que isso interessa tanto? Porque um dos maiores perigos que sitia o mundo hoje é a crescente dissociação dos dois extremos. O universal se separa do particular. Economistas, psicólogos e advogados dos direitos humanos criam novos modelos gerais que reivindicam representar a humanidade e assumem autoridade crescente para se impor aos homens como um todo. Espera-se cada vez mais que todas as economias busquem se harmonizar com modelos cada vez mais abstratos, frequentemente matemáticos, que gerem novos instrumentos financeiros. Supõe-se agora que todas as crianças desfrutam dos mesmos direitos humanos básicos. Mas esses universais se desligam dos específicos da nossa humanidade e das nossas diferenças culturais, que continuam significativas. Londres pode ser gloriosamente cosmopolita, mas o devoto sique ainda é muito diferente do retrogótico que mora na casa pegada à dele. Assim, eu adoto uma disciplina que está preparada para investir um ano a fim de saber o que significa viver como um devoto sique, mas também o que representa viver como um retrogótico em Londres; a considerar, a um só tempo, as implicações do neoliberalismo e dos direitos humanos universais. Porém, há sempre um terceiro estágio dessa dialética, sem o qual nossa tarefa ficaria incompleta. É indagar quais as consequências do neoliberalismo para o retrogótico e o desafio que um devoto sique pode representar para hipóteses sobre direitos humanos universais. Somente nesse ponto teremos alcançado a meta de ser antropólogo.

Antropólogos outrora eram associados apenas ao estudo de sociedades menos desenvolvidas ou de menor escala. Espero que esses dias tenham passado para sempre. Todos os povos hoje são iguais em seu direito de aturar a pesquisa de um ou outro antropólogo. Defino o antropólogo como alguém que busca demonstrar as consequências do universal para o particular e do particular para o universal mediante devoção igual à compreensão e à abrangência empáticas de ambos. Por isso, acredito que meu extremismo é uma causa nobre. Porém, decorre da mesma premissa o fato de que tenho, no interior da ambição universalista, o meu próprio particularismo. Meu "particularismo particular" é o campo da cultura material – o estudo dos trecos.

Este livro traça um caminho para o estudo da cultura material em vários aspectos, cada qual assumindo a responsabilidade de dar uma perspectiva diferente a esse empenho. O primeiro capítulo, sobre indumentária, demole a visão acadêmica e popular de treco – a ideia de que objetos nos dão significado ou nos representam e de que são principalmente signos ou símbolos que representam pessoas. Em vez disso, argumento que, em muitos aspectos, os trecos nos criam. De maneira mais específica, demonstro por que a indumentária não é superficial. O segundo capítulo apresenta teorias da cultura material: começando com a teoria dos objetos per se, ele se eleva, de modo constante, até uma teoria mais rarefeita da objetificação, e daí até o plano onde alcançamos uma perspectiva a partir da qual já não podemos mais distinguir sujeitos e objetos; então examinamos as consequências de nossas várias crenças sobre as propriedades do material. O terceiro capítulo toma essas teorias abstratas refinadas e polidas e puxa-as de volta para baixo, para o confuso mundo da aplicação, levando em conta nossas relações com lares e casas; literalmente, essas teorias são domesticadas pelo exame do processo de "acomodação"; e revela-se como elas, quando aplicadas a especificidades, devem incorporar fatores mais amplos, como o impacto de governos, a história dos estilos, a migração internacional, o poder e o corpus existentes nas próprias casas.

O quarto capítulo examina a materialidade ambígua da mídia e da comunicação. Trecos não são necessariamente coisas que podemos segurar ou tocar. Esse capítulo também aborda questões não tratadas antes, mas que emergem na antropologia aplicada. O que podemos e devemos fazer com o conhecimento e a compreensão adquiridos pelos estudos da cultura material, quando se trata do bem-estar das populações? Como podemos melhorar as condições dessas populações e respeitar suas aspirações enquanto avaliamos o impacto negativo de seus desejos? Finalmente, no quinto capítulo, consideramos os trecos como a matéria da vida e da morte, aquela que nos traz ao mundo e nos ajuda a deixá-lo. Nesse capítulo retomo aquilo que foi teoricamente considerado o modo como os objetos constroem sujeitos, e mostro por que meios isso passa a valer para a compreensão cotidiana do significado de sermos humanos.

1. Por que a indumentária não é algo superficial

Quando comecei minha carreira de pesquisador comprometido com o estudo da cultura material, a teoria – e a abordagem – dominante era a semiótica. Ensinavam-nos que a melhor maneira de avaliar o papel dos objetos era considerá-los signos e símbolos que nos representam. O exemplo mais comum para ilustrar essa perspectiva era o da indumentária, já que parecia intuitivamente óbvio que escolhemos as vestimentas por tal motivo. Minha roupa mostra que sou sexy, ou esloveno, ou inteligente, ou os três. Pelo estudo da diferenciação da indumentária poderíamos iniciar a análise da nossa diferenciação.[1] Roupas representam diferenças de gênero, mas também de classe, nível de educação, cultura de origem, confiança ou timidez, função ocupacional em contraste com o lazer noturno. A indumentária era uma espécie de pseudolinguagem que podia dizer quem éramos. Nessa condição, as coisas materiais eram adjuntos relegados ao estudo da linguagem, uma forma não falada de comunicação, capaz de dizer muito, se estivéssemos atentos a ela. Os debates antropológicos promovidos por Mary Douglas e Marshall Sahlins, entre outros, que defendiam tal abordagem, pareciam sugerir uma significação inteiramente nova para o estudo dos trecos.

Não há dúvida de que os trabalhos sobre a cultura material foram incrementados de maneira significativa pelo advento da perspectiva semiótica; em última análise, porém, além de recurso, ela se tornou uma limitação. Iremos aqui repudiar a abordagem semiótica das coisas em geral e da indumentária em particular. Pense numa das mais conhecidas histórias sobre vestuário, "A roupa nova do imperador", fábula moral sobre pretensão e vaidade. O imperador é convencido por seus alfaiates de que a roupa que haviam feito para ele era perfeita a ponto de se tornar invisível, deixando-o na situação de andar pomposamente nu pela corte. O problema da semiótica é que ela faz das roupas meros servos, cuja tarefa é representar o imperador – o sujeito humano. As roupas obedecem às nossas ordens e nos representam no mundo exterior. Em si mesmas, são criaturas sem valor, superficiais, de pouca consequência, simples trecos inanimados. É o imperador, o eu, que dá a elas dignidade, encanto e requinte.

Mas o que é e onde está esse eu que as roupas representam? Tanto na filosofia quanto na vida cotidiana, imaginamos que há um eu real ou verdadeiro que jaz profundamente dentro de nós. À superfície, encontra-se a vestimenta, que pode nos representar e revelar uma verdade sobre nós, mas também pode mentir. É como se, ao descascar as camadas exteriores, nós finalmente pudéssemos chegar ao eu real dentro de nós. Porém, o que foi revelado pela ausência de roupas não foi o eu interior do imperador, mas sua vaidade exterior. Na verdade, como observou Peer Gynt, o personagem de Ibsen, todos nós somos cebolas. Quando se descascam nossas camadas, descobre-se que não resta absolutamente nada. Não existe nenhum eu interior. Nós não somos imperadores representados por roupas, pois, se removermos as roupas, não há um cerne interior. As roupas não são superficiais, elas são o que faz de nós o que pensamos ser. Inicialmente isso parece estranho, improvável, implausível ou apenas francamente errado. Para descobrir a verdade de Peer Gynt aplicada ao vestuário, precisamos viajar para Trinidad, de lá para a Índia, e depois usar essas experiências para repensar nossas relações com a indumentária em Londres.

Trinidad[2]

O problema de se ver o vestuário como a superfície que representa ou deixa de representar o cerne interior do verdadeiro ser é que tendemos a considerar superficiais as pessoas que levam a roupa a sério. Antes do feminismo, caricaturas de jornal tinham poucos escrúpulos em mostrar que as mulheres eram superficiais, retratando meramente seu desejo de comprar sapatos e vestidos. Rapazes negros eram superficiais porque queriam tênis caros, que supostamente não tinham condições de comprar. Em contraste, nós, estudantes universitários em lugares como Cambridge, éramos perspicazes e profundos porque parecíamos andrajos e claramente não nos preocupávamos muito com isso. Quando conheci minha esposa, como colega de universidade, minhas calças eram presas na cintura com barbante, e na bainha com grampos. Ela deve ter pensado que eu era profundo, pois na superfície não havia grande coisa para atraí-la. Tais pretensões são muito boas nos confins de Cambridge, mas se tornam problema para um antropólogo de partida para Trinidad. Pois a questão para a antropologia é investigar empaticamente como outras pessoas veem o mundo. Descartá-las como superficiais representaria um começo desastroso para esse exercício, porque os trinitários em geral se dedicavam a roupas e sabiam que eram bons em termos de aparência. Estampas coloridas e cintos com fivela de borboleta eram sua prioridade.

Eu trabalhei grande parte do tempo que passei em Trinidad com ocupantes ilegais que não tinham abastecimento de água nem eletricidade nas casas em que moravam. Contudo, as mulheres que viviam nesses acampamentos urbanos de sem-teto podiam ter de uma dúzia a vinte pares de sapatos. Uma atividade de lazer comum era promover desfiles de moda sobre uma passarela improvisada ao longo de um dos espaços abertos dos acampamentos. Eles mendigavam, pediam emprestado, faziam ou roubavam roupas. E não somente roupas, havia também os penteados, os acessórios e o modo como ostentavam pomposamente seus trecos, andando de maneira sexy, mostrando charme e sedução. Os movimentos se baseavam na autoconfiança exagerada e em forte erotismo, com passadas largas, exuberantes, ou apresentações à maneira de dança. No linguajar local, devia haver algo *quente* nas roupas e algo *quente* nas performances. Certas noites, eu podia passar três horas na companhia deles, esperando enquanto se aprontavam para sair e fazer a festa, experimentando e descartando roupas até encontrar a combinação ideal.

Essa associação não chega a ser nova para a região. Relatos anteriores sobre a sociedade escrava no Caribe incluem referências à dedicação particular das escravas à indumentária. A.C. Carmichael afirmou em 1833: "Falando de modo geral, as mulheres de cor têm uma paixão insaciável por roupas e joias vistosas. … As mulheres de classe alta se vestem mais vistosamente e muito mais dispendiosamente que as senhoras europeias."[3] Realizando uma pesquisa etnográfica num povoado pobre, em 1957-58, Freilich relata que "a esposa de um dos camponeses disse: 'Toda ocasião social nova exige roupas novas. Eu não usaria o mesmo vestido em duas ocasiões no mesmo distrito'".[4] Esse desejo foi expresso com mais evidência durante o auge do petróleo em Trinidad, nos anos 1970, quando tanto costureiras quanto suas clientes sugeriam que comprar duas roupas novas por semana era muito comum entre as mulheres que trabalhavam. Nós não condenamos uma população apenas porque ela mostra algum tipo de devoção aos trecos. Antropólogos celebram (e não desprezam) a devoção dos ilhéus trobriandeses às proas das canoas, ou do povo nuer ao gado. Curiosamente, porém, a devoção à vestimenta, como se pode ver por essas descrições de estrangeiros, sempre foi encarada de modo muito mais severo, sobretudo em relação aos que não eram ricos.

Como fica evidente na descrição das passarelas locais, o que mais preocupava os trinitários não era a *moda*, o ato de seguir coletivamente uma tendência, mas o *estilo*, a construção individual de uma estética baseada não apenas no que você está vestindo, mas em como você o veste. Havia um termo, *saga boys*, para homens que combinavam originalidade no vestir e maneiras de andar e de falar que nunca estavam longe da clara exibição. Outro termo local, *gallerying* (ostentar-se, jactar-se, exibir-se), expressa bem o sentido da coisa. O estilo de Trinidad, por sua vez, tem dois componentes: individualismo e transitoriedade. Os indivíduos devem recombinar os elementos a seu modo. A fonte desses elementos não tem importância. Eles podem ser copiados de novelas ou de desfiles de moda que apareçam na televisão, podem ser enviados por parentes no estrangeiro ou comprados numa viagem ao exterior. Simplesmente podem-se recombinar produtos locais. Os vários elementos, porém, devem funcionar juntos, ser adequados à pessoa que os manuseia bem, idealmente para uma só ocasião. Não importa quanto custaram, nem se as roupas usadas na passarela pertenciam à pessoa ou foram emprestadas para a circunstância. Não se trata de acumulação, mas de transitoriedade. O estilista pode aprender com a moda, mas só como vanguarda. Depois ele deve seguir adiante. A exportação mais conhecida de Trinidad, o Carnaval, cultua essa transitoriedade. Indivíduos despendem semanas, meses, criando fantasias elaboradas e de confecção muito lenta. Mas elas têm de ser descartadas e refeitas anualmente. O que se celebra é o evento, o momento.

Há muitas razões possíveis pelas quais os trinitários desenvolveram essa afinidade com o estilo como expressão individual e transitória. Algumas teorias remontam à escravidão e vão mesmo antes dela. Em *The Signifying Monkey*, Henry Louis Gates argumenta em defesa de uma estrutura estética africana ocidental encontrada especialmente entre os iorubás.[5] Ele observa o modo como músicos de jazz se apropriam de temas e os desenvolvem, mas muito amiúde retornam a um pastiche de bem conhecidos ritmos e melodias de composições anteriores. Na fala comum, tanto músicos quanto outros se referem a *signifyin(g)*, para designar alguém ou alguma coisa. Observa-se uso semelhante do vestuário no desenvolvimento do *vogueing*, que ganhou celebridade por intermédio de Madonna e do filme *Paris Is Burning*,* que trata de indumentária e da alta moda de

* Dança popular nos anos 1970 e 1980, o *vogueing* foi criado nos salões gays frequentados por afro-americanos e latinos no Harlem. Ganhou grande

maneira referencial semelhante. A vestimenta trinitária, porém, não retorna a temas clássicos.

Uma alternativa seria olhar não para alguma origem na África, mas para a experiência da escravidão em si. A ideia de manter as coisas à superfície como estratégia defensiva contra a degradação extrema é brilhantemente examinada por Toni Morrison no romance *Amada*: "então você se protegeu e amou pequeno. Escolheu possuir as mais pequeninas estrelas do céu... Nada maior serviria. Uma mulher, um filho, um irmão – um grande amor que o cindisse e se escancarasse em Alfred Georgia."[6] A existência precária dada pela escravidão impedia qualquer internalização do amor, pois não havia nenhum conhecimento sobre quando esse amor-objeto poderia ser tomado à força; isso resultava numa espécie de tendência adaptativa de manter as coisas à superfície, de recusar qualquer internalização e minimizar o sentimento de perda. Isso é mais plausível e pode ser relevante para muitos daqueles que moram nos acampamentos de sem-teto. Contudo, a maioria da população de Trinidad não tem origem na África e na escravidão. Muitos vêm da Ásia do Sul ou trazem bagagens culturais misturadas.

Assim, em vez de tentar perguntar de onde vem a relação com o estilo, em vez de vê-la como um problema que requer explicação, podemos apontar a lente de volta para nós mesmos. Por que pensamos que uma devoção à indumentária de algum modo é um problema? Por que a vemos como sinal de superficialidade, e o que implica o próprio termo superficia-

---

exposição com o disco *Vogue*, de Madonna, em 1990, e com o documentário de Jennie Livingston, *Paris Is Burning*, do mesmo ano, história vibrante dos bastidores nova-iorquinos, com personagens que, fascinados pela moda, criaram a dança e os bailes drag. (N.T.)

lidade? O problema de uma teoria da semiótica – e de tratar a indumentária como algo superficial – é que presumimos certa relação entre interior e exterior. Nós possuímos o que poderia ser chamado de uma *ontologia de profundidade*. A hipótese é que *ser* – o que realmente somos – está profundamente situado dentro de nós e em oposição direta à superfície. Um comprador de roupas é superficial porque um filósofo ou um santo é profundo. O verdadeiro núcleo do eu é relativamente constante e imutável, e também indiferente à mera circunstância. Nós temos de olhar profundamente dentro de nós para nos encontrar. Mas tudo isso são metáforas. Profundamente dentro de nós há sangue e bile, não certezas filosóficas. Nós não encontraremos uma alma se cortarmos alguém em profundidade, embora eu suponha que desse modo talvez incidentalmente pudéssemos libertá-la. Minha questão é que não há nenhuma razão na Terra pela qual outra população deva ver as coisas do mesmo modo. Nenhuma razão para que ela deva considerar que nosso ser real é profundamente interior, enquanto a falsidade é externa. O argumento aqui é que os trinitários em geral não fazem isso.

Em total contraste com a ontologia de profundidade, os trinitários parecem quase ter horror de as coisas se tornarem interiorizadas, e não mantidas à superfície. Talvez a atividade de lazer mais popular de Trinidad seja o *lime*, em que algumas pessoas se reúnem numa esquina ou viajam em grupo, por exemplo, para o campo, a fim de "make a cook", fazer um rango. Uma característica do *lime* é o estilo de insulto verbal conhecido como *pickong*, ou dar uma *fatigue*, ridicularizar. As fraquezas individuais de um companheiro *limer* serão objeto de provocadoras gozações. Perguntarão a um homem mais velho: "Quando você ainda estava vivo, sabia cozinhar?"; ou se os cabelos remanescentes eram realmente dele. Um acidente ou erro pode ser jogado na cara do grupo "culpado", muitas vezes com palavras como "mother-cunt". O *pickong* quase sempre permanece bem-humorado, pois os alvos sabem que estão sendo julgados por sua capacidade de *deixar para lá*. A invectiva frequentemente sagaz e sempre cortante entre amigos transforma o *lime* numa espécie de campo de treinamento em que as pessoas se fortalecem para não aceitar os abusos que possam vir a sofrer na vida. Há uma versão de loucura chamada *tabanca*. Ela aflige as pessoas não porque tenham perdido um relacionamento, mas porque descobrem que tinham deixado o relacionamento entrar dentro delas; e, quando acabou, elas ficaram loucas e desorientadas. Uma das expressões mais comuns ouvidas em resposta a todo e qualquer infortúnio, de um insulto passageiro à ruptura de uma relação, é *deixe pra lá*, não ligue, não leve a sério.

A maioria dos trinitários afirmaria que o humor e a perspicácia são centrais para sua autodefinição, vendo-os como contribuições para seu sentido de descontração e estilo. Uma pessoa sem senso de humor, que não tolere insultos, é *ignorante* e propensa à violência, rótulo que os trinitários usam para seus rivais caribenhos, os jamaicanos. Manter as coisas na superfície também significa a liberdade de construir-se e não ser categorizado pela circunstância. Em Londres, quando duas pessoas da classe média se encontram, tendem a perguntar "E você, o que faz?", referindo-se ao emprego. A maioria dos trinitários, porém, considera isso altamente inadequado. Trabalha-se porque é preciso ganhar dinheiro; essa é uma fonte inteiramente errada de autodefinição. Perguntar que trabalho uma pessoa exerce não diz nada significativo sobre ela. São as coisas que a pessoa escolhe livremente que devem defini-la, não as coisas que ela tem de fazer. A liberdade parece central na autoconstrução.

É novamente no Carnaval que se chega a reconhecer outras implicações de não vermos a natureza ou verdade essencial de uma pessoa como propriedade situada interna e profundamente. Um dos principais temas do Carnaval é a revelação da verdade. O Carnaval começa à noite, com um festival chamado Jouvert, derivado do francês *jour d'ouvert* ou "raiar do dia". As pessoas se vestem como criaturas da noite, como demônios, por exemplo, ou saem cobertas de lama (Notting Hill, em Londres, tem uma variável atraente: cobrir o corpo de chocolate). Às vezes, elas levam cartazes evocando escândalos e acusações. Aos poucos, se deslocam para o centro da cidade, onde são reveladas pelo alvorecer. Em 1988, uma das fantasias mais surpreendentes representava um calipso então corrente e se chamava Mulher Bacanal,* uma figura imensa com um vestido ornado de olhos. Bacanal é a desordem que se segue à revelação escandalosa. Um exemplo clássico é o de uma professora primária que tentou se retratar como alguém inteiramente respeitável até uma gravidez revelar que algo mais estava em curso. As pessoas tentam constantemente não

* Além de significar a atmosfera de desordem, excitação e sexualidade enfáticas celebradas no Carnaval, a gíria trinitária *bacchanal* denota mais amplamente escândalo, discussão, briga, confusão (como fica claro em exemplo de uso citado no *Trini Dictionary* (http://www6.miami.edu/studorgs/ttca/trinitalk.htm): "If dey find out, it will be rel bacchanal", "Se eles descobrirem, vai dar o maior *bacanal*". Ver comentário do autor na p.178 deste volume. (N.T.)

revelar a verdade sobre si mesmas, mas o Carnaval traz as coisas da noite à luz da revelação.

A questão para qual tudo isso chama atenção é que as pessoas sempre tentam se esconder. E qual é o lugar óbvio para esconder as coisas? Bom, é profundamente, dentro de nós, onde outras pessoas não podem vê-las. Assim, a premissa da verdade que emerge no Carnaval tem base exatamente no conjunto de metáforas oposto àquele da nossa ontologia de profundidade. Para os trinitários, é inteiramente óbvio que a verdade reside na superfície, onde as outras pessoas podem vê-la facilmente e atestá-la, ao passo que a mentira deve situar-se nos recessos ocultos dentro de nós. O verdadeiro ser de uma pessoa, portanto, também está na superfície e é evidente. A pessoa profunda, que guarda as coisas fechadas para si e fora da vista, é considerada desonesta. A questão, claro, é que a verdade não é nem intrinsecamente profunda nem está na superfície. Nenhum dos conjuntos de metáforas é certo ou errado. Simplesmente não há razão pela qual qualquer outra população deva ter um conceito de superficialidade que veja o que é profundamente interiorizado como verdadeiro e significativo, e a superfície como falsa e insignificante. De muitas maneiras, os trinitários parecem ter uma lógica muito mais óbvia que a nossa acerca das metáforas espaciais de verdade e ser.

Essas diferenças de metáforas, refletindo diferenças no conceito de ser, podem usar linguagens de tempo assim como de espaço. Se o eu não está profundamente dentro de nós, ele tampouco é visto como constante. Nós vemos o eu como algo que cresce baseado em coisas acumuladas. Assim, ocupação, status e posição social criam substância, a qual é acumulada no interior. Isso decorre de uma preferência histórica por identidades relativamente fixas e hierarquias. Em épocas anteriores, as pessoas eram definidas por nascimento. Agora preferimos um ideal aparentemente meritocrático, definindo-as mais por realizações cumulativas. Os trinitários, porém, talvez não almejem esse sentido de um eu incremental, que seria por eles considerado falso e imposto pela posição social. As pessoas hoje não devem ser julgadas pelo que elas foram, mas pelo que são. De modo alternativo, nós teríamos de imaginar uma situação em que o ser é constantemente recriado mediante uma estratégia de exposição e resposta ao momento. Ao ir a uma festa ou criar um relacionamento, o indivíduo em geral mira alto. Busca seu melhor estilo, a agilidade verbal mais sagaz e, se possível, o parceiro ou parceira mais impressionante. Mas só será possível saber se este realmente é você a partir da resposta do dia, de como as pessoas reagem a você e o avaliam. É cada atividade particular e supostamente transitória que diz à pessoa quem ela é. A própria ação produz o julgamento. Entretanto, trata-se apenas de uma ação ou relacionamento específicos, de modo que a posição deve ser retomada na ocasião seguinte.

A vantagem de um ser transitório é que ele está menos sujeito à construção e ao julgamento institucionais. Estes não são dados por reconhecimento ou ocupação formal. Comparativamente, trata-se de um eu que pode se sentir livre – o que, para os trinitários, significa dizer que ele é mais real ou verdadeiro. Homens e mulheres preferem avaliar o estado de seu relacionamento pelo modo como se tratam quando estão juntos. Eles desconfiam da maneira pela qual uma instituição como o casamento pode levar uma parte a considerar a outra certa ou garantida, sem exigir a atenção constante que significaria que o relacionamento continua verdadeiro. Para os trinitários, o casamento como instituição pode tornar um relacionamento falso, pois é possível se enganar e tomar a natureza formal do laço por sua realidade, que reside no modo real como cada um trata o outro no presente. Essa é uma das razões pelas quais as pessoas preferem esperar até estar bem-estabelecidas em sua relação para casar, em geral quando já têm vários filhos.

Há um problema no tipo de determinismo histórico que sempre explica o presente pela busca de suas raízes, por meio de uma narrativa de como as pessoas chegaram a ser tais como as encontramos agora. Já a ciência social tende a interessar-se mais por como as coisas se conectam hoje. O passado decerto deu sua contribuição. Talvez a grande ênfase que os trinitários dão à liberdade – a liberdade de se construir pelo estilo, em vez de se definir pela ocupação – revele uma influência da escravidão. A experiência passada de opressão poderia valorizar a importância da liberdade atual. Os antropólogos, porém, preferem ver as coisas da perspectiva comparativa, buscando analogias em outras sociedades. Antropólogos escrevendo sobre Papua Nova Guiné, por exemplo, têm argumentado que também lá as pessoas preferem julgar pelas aparências.[7] Membros de uma comunidade desfilam e dançam diante dos outros durante períodos consideráveis. Ao fazê-lo, os observadores podem ver o quanto são coesos como grupo, mas também os indivíduos que desfilam veem, aos olhos daqueles que os julgam, quem de fato são. Eles eram capazes de se mostrar bem como indivíduos e coesos como grupo? Minha percepção é que sociedades relativamente igualitárias preferem metáforas sugerindo que as pessoas devem ser definidas por suas capacidades e realizações correntes; e que devem perder a posição conquistada quando essas capacidades declinam. Decorre daí que eles tendem a encarar a verdade e o ser à superfície. Em contraste, sociedades fortemente estabelecidas, com longas histórias de institucionalização, seja de classe ou de posição, tendem a encarar o ser e a verdade como algo profundamente situado dentro do eu e relativamente constante.

Naqueles contextos, roupas não significam apenas algo completamente diferente; elas são completamente diferentes. Nas sociedades igualitárias, as roupas são a própria forma pela qual a pessoa pode descobrir quem realmente ela é. Portanto, faz o maior sentido passar muito mais tempo preocupada com a aparência se é esta que define a pessoa, não um reflexo, mas quem ela é na verdade. Nossa própria noção do ser como profundidade tem algumas consequências surpreendentes. Por exemplo, temos o ideal muito peculiar de parecermos naturais, e isso implica que usar maquiagem e vestir-se é falso e superficial. Mas por que deveríamos aceitar isso? Por que o fato de uma pessoa ter sardas nos diz quem ela é? Ou que uma pessoa mais feia que outra, só por isso, represente o mal ou um personagem aviltado no palco? Nós vemos o natural – como o profundo – como a verdade sobre alguém. A concepção trinitária, em comparação, é: quem somos não é absolutamente determinado pela eventualidade de uma fisionomia (nosso rosto ao acordarmos de manhã). Por que a aparência natural de uma pessoa deve ser um guia de quem ela é? Em contraste, alguém que gaste tempo, dinheiro, discernimento e atenção para criar uma aparência, e a aparência final é resultado direto de toda essa atividade e esforço, pode ser descoberto em sua aparência. Porque estamos julgando o que as pessoas fazem, e não o que elas originalmente parecem. Nós as julgamos por seu empenho, não por seu nascimento. A pessoa anseia pelo ato de autocultivo. Os outros então podem ver se você é tudo o que afirma ser, ou se na verdade não está à altura daquele padrão.

Trinidad é uma sociedade de esquina* onde as deficiências serão comentadas, muitas vezes no raio de algumas centenas de metros a partir de sua casa. As pessoas gostam de se pronunciar em público acerca da aparência dos outros. Mais uma vez, porém, se nos empenharmos em ir além de nossas metáforas usuais, poderemos ver que talvez isso faça o maior sentido. É verdade, os trinitários rotulam as pessoas como bombeiros hidráulicos ou advogados, ricas ou pobres, negras ou brancas, porém encaram essa rotulação como algo superficial em comparação com a avaliação de como elas se construíram, se são capazes ou não de ostentar seus trecos. Minha intenção não é dizer que uma visão é superior à outra, embora seja difícil não ver que a visão trinitária é muito mais clara que a nossa. A consequência, para nossos propósitos aqui, é que, ao despender muito mais tempo com a vestimenta e ao torná-la prioritária em suas vidas, os trinitários não se enganam nem são mais superficiais.

Esse primeiro estudo de caso também fornece um exemplo claro do que quero dizer quando falo da ambição de ser extremista. Nós vamos para uma ilha no Caribe e descobrimos que há uma relação com a indumentária diferente de tudo que havíamos imaginado. Mas chegamos ao entendimento disso por meio de um extremo particularismo. Se quiserem, os antropólogos podem se tornar cada vez mais paroquiais. E é algo que fazemos com satisfação, pois isso prova nossa

* Referência ao conceito desenvolvido por William Foote Whyte no livro *Sociedade de esquina*, Rio de Janeiro, Zahar, 2005.

erudição. Só depois de lá viver durante um ano, fui capaz de começar a entender a diversidade da própria Trinidad. Então, mesmo o termo genérico trinitário me pareceu suspeito. As pessoas com quem eu lidava eram indo e afro, figurões e gente comum, homens e mulheres, idosos e crianças. Na verdade, elas eram Jonas e George, Simone e Rhoda. A etnografia é uma devoção ao particular, ao que há de especial naquelas pessoas individuais, naquele momento. Contudo, para compreender um minúsculo microcosmo daquela população – por que as mulheres pobres tinham tantos sapatos? –, foi necessário enfrentar uma suposição filosófica básica quanto ao que é ser humano. Eu precisei questionar nossa teoria ontológica fundamental, isto é, a filosofia do ser, expor as hipóteses que fazemos sobre onde está situado o ser e sobre a multiplicidade de metáforas e conjecturas que fluem em todas as direções a partir da pressuposição de que o ser é profundo.

Nós adquirimos, assim, uma avaliação de que aquilo que presumimos universal era particular. De que a ontologia é uma construção, e não uma verdade inerente. Porém, demolir as fundações da filosofia ocidental a fim de compreender a relação das mulheres trinitárias pobres com os sapatos me parecia algo que realmente valia a pena. Fazê-lo justifica a luta para pôr os dois extremos, universalismo e particularismo, novamente em diálogo. Afinal, a meta da antropologia é o entendimento, no sentido da empatia. Acho que o tempo todo eu tentava imaginar como seria estar na pele deles – ou calçar os seus sapatos.

Há outro motivo para começar com esse exemplo particular. A questão para a qual chamamos atenção aqui se refere a algo além da indumentária. O termo superficialidade e as suposições que fazemos sobre onde estaria situado o ser fazem parte de uma definição muito mais ampla da cultura material em nossa sociedade, em que o próprio materialismo é visto como algo superficial. Tornar-se sociedade de consumo em geral é visto como sintoma da perda de profundidade no mundo. O exemplo de uma atitude universalizante diante da sociedade de consumo de massa moderna é claramente expresso em outro ramo da filosofia: os escritos sobre a pós-modernidade, que podem ser vistos apenas como a mais recente manifestação de ideologias estéticas e filosóficas que estavam no âmago do pensamento ocidental. Aqui, contudo, estamos engajados numa empreitada cujo propósito é resgatar dessa mesma acusação de superficialidade não só a indumentária, mas a cultura material como um todo e as pessoas que a estudam. É mostrar por que pessoas em lugares como a Papua Nova Guiné tribal podem decididamente ser mais materialistas que nós e aceitam sem muito problema que os seres sejam constituídos por coisas e aparências. Assim, demolir nossas presunções sobre superficialidade é um começo. Em seguida, precisamos examinar com mais detalhe como coisas tais como roupas não chegam a representar pessoas, mas a constituí-las. Em busca desse objetivo, vamos agora nos mudar de Trinidad para a Índia. Antigamente, isso era uma coisa difícil de imaginar. Mas, graças ao Google Earth, apenas diminua um pouco o zoom, gire um pouquinho o globo e aumente o zoom no ponto certo.

O sári[8]

O sári é uma peça única de tecido inteiramente desprovida de costuras, em geral de seis metros, trajado em arranjos drapeados em volta do corpo. Hoje, quase sempre ele é usado em associação com uma anágua, uma blusa curta para cobrir o busto e, por baixo de tudo, calças e sutiã. O objetivo desta seção não é dizer como as mulheres indianas vestem o sári, nem como o sári representa a identidade delas. Muito pelo contrário. A intenção é explicar como o sári veste a mulher indiana, como ele faz dela o que ela é – tanto a mulher quanto a indiana. Se em Trinidad a indumentária questiona o que queremos dizer com o conceito de *ser*, na Índia veremos que uma expressão como "ser uma mulher" também está sujeita a análises comparativas. Ser mulher é algo muito diferente se for alcançado pelo uso de um sári, e não de uma saia ou de um vestido. As roupas estão entre os nossos pertences mais pessoais. Elas constituem o principal intermediário entre nossa percepção de nossos corpos e nossa percepção do mundo exterior. Em primeiro lugar, portanto, consideremos qual a sensação de vestir um sári.

No agora disseminado estilo *nivi*, o sári é arranjado da direita para a esquerda, passando sobre a parte inferior do corpo duas vezes – a segunda compondo um conjunto de pregas em forma de leque – e uma vez sobre a parte superior. O *pallu*, a ponta usualmente solta e mais ornamentada do sári, cai por sobre o ombro esquerdo até a cintura. Dada a assimetria do sári, nenhuma sensação em alguma parte do corpo se repete em qualquer outra. Parece que a perna direita não é espelho da esquerda. Os dois ombros e os dois seios são tocados pelo traje de maneira completamente diferente. O ombro direito pode permanecer intocado pelo sári, ao passo que o esquerdo suporta o peso do *pallu*. O seio direito sente a pressão das dobras do *pallu*, cruzadas sobre o busto, ao passo que o esquerdo fica mais exposto, coberto na frente, mas visível de lado. A parte direita da cintura é aquecida pelas dobras que passam sobre ela, mas a esquerda fica a descoberto e arejada.

O ponto central do sári – o umbigo – dá a impressão de um pivô nuclear em torno do qual gira a harmonia do traje. Aqui as pregas são presas por dentro do cordão da anágua. Cerca de um metro de tecido é ali dobrado, com doze centímetros enfiados por dentro do cordão, contra a barriga. Isso provoca transpiração, e uma *zari*, ou borda de algodão engomado, pode arranhar ou esfolar a pele,[9] mas essas sensações também dão a segurança de que as pregas não vão se soltar e cair. As coxas ajudam a definir as graciosas dobras das pregas, que se desfazem em leque entre as pernas. Aqui, mais uma vez, a sensação é assimétrica. As pregas muitas vezes caem da direita para a esquerda, de modo que a primeira prega repousa sobre a perna direita, ao passo que a última repousa contra a esquerda. Contêm-se assim a perna e o joelho direitos, que definem a forma das pregas; mas é a partir da perna esquerda que o sári se curva para dar a volta a partir do meio das coxas até a parte de trás do corpo, repousando em dobras sobre a cintura, às costas, para então ser trazido pelo lado direito como *pallu*. Desse modo, a curva do quadril e da cintura da mulher é acentuada do lado esquerdo. Um leve arqueamento do joelho pode criar uma quebra horizontal nas dobras verticais do sári, dando à mulher uma aparência mais feminina e escultural. Os tornozelos sempre dão a impressão de amplidão, pois o franzido das dobras do sári repousa contra eles, e o contato é mais pesado pelo "caimento". Ao caminhar, a perna direita determina a extensão do passo, contido pela tensão no tornozelo quando ele é longo demais para o sári. A perna esquerda precisa mover-se um pouquinho para fora e para diante, de modo a não prender a pregas entre os joelhos. O *pallu* pode escorregar com o movimento, e nesse caso o braço direito se ergue para devolvê-lo ao ombro esquerdo, mas com cuidado para não amarrotar o tecido. Depois de alguns passos, o sári pode escorregar para baixo na cintura à esquerda, e o braço esquerdo deve puxá-lo de volta a fim de preservar a forma de leque das pregas.

Ao sentar, as mulheres invariavelmente verificam se o *pallu* não escorregou, deixando de cobrir o seio direito, e se a cintura não está exposta demais pela dobradura do torso. A curva do corpo ao sentar-se num jirinquixá ou num carro também tende a enrugar o sári na parte da frente, ameaçando a sequência de pregas. Uma série de ajustes é necessária para alisar a parte do *pallu* visível à frente; as pregas precisam ser rearrumadas para ajudar a preservar o ordenamento, e deve-se cuidar para que o *pallu* não fique preso sob as nádegas. Diferentes tipos de clima produzem sensações e problemas próprios. A transpiração que se acumula onde o sári fica preso ou é densamente enfeixado não é perceptível; a que escorre pelas pernas encontra o ar que ali circula, criando uma agradável sensação refrescante. Quando a cintura fica úmida demais e coça, a mulher pode puxar o cordão da anágua para liberar um trecho da pele. No clima úmido, a parte inferior do sári tende a ficar molhada primeiro, o que a torna pesada e puxa o traje todo para baixo. O sári perde a forma e se torna mais difícil de controlar, não há mais conforto dentro dele. Um sári úmido também gruda no corpo em vários pontos, acentuando curvas e concavidades – exatamente o que esse tipo de veste pretende evitar.

Vestir um sári, portanto, produz sensações específicas. Mas tudo isso não passa de sugestão de diferenças muito mais profundas. Para apreciá-las, precisaremos fazer um zoom sobre uma parte específica do sári – o *pallu*, a ponta quase sempre ricamente ornada que cai por sobre o ombro. Ele representa uma qualidade protética para a roupa que não é compartilhada por nenhum traje ocidental. Isso se torna mais óbvio no uso funcional. Quando a mulher faz suas tarefas domésticas, o *pallu* está em uso constante como uma espécie de terceira mão, para pegar recipientes quentes, espanar o lugar em que ela vai sentar num local público, limpar os óculos, guardar notas de rúpia num nó que faz as vezes de bolsa, e proteger o rosto da fumaça ou do nevoeiro. A presença do *pallu* é tão constante e permanente, tão indiscutível, que quase parece parte do próprio corpo. Não obstante, a mesma qualidade que amplia a capacidade de uma pessoa também dá ao *pallu* o poder de traí-la. Quando acontece algo que representa uma intrusão importuna do mundo exterior contra o eu, talvez o *pallu* tenha sua parte nisso. O *pallu* fica preso na porta do carro, voa sobre o rosto e a pessoa não consegue enxergar, ou escorrega da cabeça quando ela tenta se cobrir modestamente. O mesmo *pallu* usado para segurar uma *karhai* (panela) quente de comida pode pegar fogo quando a mulher está cozinhando. Lastimavelmente, esses acidentes são muito comuns e podem resultar em ferimentos horríveis e até em morte. Nem sempre são acidentes, tampouco. Em muitos casos de "morte por dote",* a família do noivo afirma que o *pallu* pegou fogo "por acidente" quando a mulher cozinhava. Por outro lado, noivas desesperadamente infelizes, de forma bem típica, dão fim ao sofrimento enforcando-se com o *pallu* amarrado ao teto.

* Casos de mulheres levadas à morte pelo marido e seus parentes, que as maltratam na tentativa de extorquir um dote maior de suas famílias. (N.T.)

A identificação estrita entre a pessoa e o *pallu* começa com a relação inicial entre mãe e filho. A maioria dos indianos tem seu primeiro encontro com o sári antes do tempo da memória. As mães usam-no como utensílio multifuncional no período de amamentação. Ao aleitar, elas aconchegam o bebê dentro do *pallu*, encobrindo a operação do mundo exterior, e usam o tecido para limpar o resíduo de leite dos lábios do bebê. O *pallu* preserva a capacidade de ser a extensão da mãe, como observou uma mulher sobre seu filho:

> Ao pegar no sono, ele põe o *pallu* na boca, enrolado em seu polegar. Se meu sári se desprende, ele começa a chorar. Às vezes as pessoas dão às crianças pedaços de pano como um lenço ou uma echarpe para livrá-las do *pallu* da mãe. Mas eu nunca dei. Vários vizinhos sugeriram que eu o fizesse, mas eu pergunto: qual o problema se ele segurar meu sári, por que dar a ele um pedaço de pano? Ele brinca de esconde-esconde com meu sári. Ele se esconde por trás do pano e depois mostra o rosto. Fica fazendo isso até eu rir para ele. Acha que eu posso estar zangada, se eu não rir. Quando dormimos perto um do outro, eu cubro o meu rosto e finjo que estou dormindo. Aí ele tira o *pallu* para ver se eu estou sorrindo ou rindo. Se eu não demonstro nenhuma emoção, ele começa a chorar e fica me chamando, "Mamãe! Mamãe!". Aí eu tenho de me render, e ele fica feliz. E começa a fazer a mesma coisa, cobrindo seu rosto e fazendo a mesma brincadeira. Ele não aprendeu a andar segurando minha mão, mas o *pallu*.[10]

Para a criança, o *pallu* se torna a encarnação física do amor de sua mãe, um amor que ele pode literalmente segurar. O *pallu* exemplifica o que o psicanalista Winnicott cognominou de "objeto transicional".[11] Uma criança leva tempo para entender que o sári é, ele próprio, algo individual, separado do resto do mundo exterior tal como este é inicialmente representado pela mãe e por seu seio. O *pallu* ajuda a fazer a ponte para resolver essa terrível separação, e conforta a criança durante sua tomada de consciência crescente da realidade. Uma versão popular dessa ideia é o "cobertorzinho" que o personagem Linus carrega sempre na tira em quadrinhos *Peanuts*. Um homem de meia-idade lembra:

> Eu tive uma infância muito boa, eu penso na minha mãe e na minha avó, sabe, mostrando seu amor, limpando o suor da minha testa com o *pallu*, usando-o como um abano no verão. A mãe da minha mãe, eu ficava deitado com a cabeça no colo dela, e ela cobria a minha cabeça com o *pallu*. Aí eu dormia.[12]

Para os adultos, a ambiguidade do *pallu* – de ser simultaneamente parte de uma pessoa e separado dela – continua quando se trata de formar uma relação. Considerando a propensão natural do *pallu* a escorregar do seio, o ato de cobrir o peito pode ter algum efeito, caso seja bem-feito (e algumas o fazem *muito* bem), o de chamar atenção para a área ostensivamente protegida. Então, o homem não sabe se a mulher está se cobrindo porque não quer que ele a veja, ou se está sinalizando que *quer* que ele a veja. Outra forma provocativa de manipulação explora habilmente a propriedade do sári como traje drapeado, e consiste em apertá-lo para acentuar a firmeza das nádegas e a esbelteza da cintura. Há o potencial a mais de beleza e erotismo no tecido, que pode parecer transparente quando usado numa única camada, mas é opaco quando vestido em várias camadas. A mesma sutileza que se aplica ao flerte é ainda mais comumente aplicada à instituição da modéstia, na qual o *pallu* desempenha papel central. A maioria das mulheres hindus tem de cobrir a cabeça na presença de certos membros da família, ao passo que a maioria das muçulmanas deve cobri-la na presença de estranhos. As mulheres têm possibilidades consideráveis de manipular a maneira precisa como o *pallu* é seguro entre os dentes ou colocado sobre a cabeça, deixando o observador do sexo masculino muito incerto quanto à atitude por trás da ação; pode ser reservada e respeitável, atraente ou cruel. Essas nuances de modéstia e erotismo são usadas com grande efeito pelas pessoas que trabalham em Bollywood e nas novelas de televisão.

Contatos físicos públicos entre homens e mulheres continuam a ser malvistos. Mesmo os pares casados passeando nos parques de Déli, por exemplo, não andarão de mãos dadas. Nesse contexto, o *pallu* se torna um importante ponto de contato lúdico entre irmãos adultos ou amigos da mesma idade. Você pode puxá-lo para estimular a irmã ou a amiga a "se apressar". Na impossibilidade de tocar o corpo, tocar o *pallu* propicia a intimidade. Se alguém se apega demais a outra, é provável que caçoem dela, comentando que "se apegou ao *pallu* da outra" (como disse uma apresentadora de televisão para um fã que não parava de telefonar para seu programa). Por outro lado, e em grande parte pelas mesmas razões, num contexto sexual, tocar o *pallu* pode ser um ato muito íntimo e pessoal. Em Bengala, por exemplo, é tradicional a noiva amarrar a ponta do *pallu* ao traje indiano tradicional do noivo, o *dhoti*. Essas associações também ajudam a explicar o comentário de uma operária do sexo em Kolkata, que relatou não gostar que seus clientes tocassem seu *pallu*, pois sentia que a peça devia ser reservada para seu relacionamento com o marido.

O repertório emocional completo do *pallu* é visto com mais clareza quando assistimos aos melodramas de televisão. A cena de uma mulher que se candidata a um emprego doméstico mostra-a bulindo com a ponta do *pallu*, o que trai sua ansiedade. A professora que aperta o *pallu* sobre o torso ou o segura firme na mão para garantir que a turma saiba que ela é séria e está ali para trabalhar. Uma moça que ri alto demais cobre a boca com o *pallu*. Uma mulher seca ligeiramente as lágrimas com ele, mas também esconde os olhos. O *pallu* é o paraíso de um rosto encabulado e um disfarce para emoções impróprias. Porém, com tantos gestos feitos com o sári, essas ambiguidades podem dar lugar a um elemento erótico, muitas vezes sem intenção, como quando se cobre a boca para acentuar os olhos, ou quando esconder os olhos realça os lábios. Assim, embora as séries, as tramas e os personagens mudem, o estrelato do *pallu* é constante.

A relação íntima entre pessoa e roupa, quando se nasce na Ásia meridional, não é dada. Tudo isso deve ser aprendido e dominado pelo indivíduo. Uma moça típica de Déli não é educada para trajar um sári. Ela tentará pela primeira vez essa proeza na cerimônia especial de "despedida da escola", que marca o fim do período escolar para as garotas com cerca de dezessete anos. A mocinha se atrapalha, muito intimidada pelas dobras desconhecidas, alfinetes de aparência perigosa e sobras repentinas de tecido. Elas ficam preocupadas com o risco de escorregar, de se expor e se envergonhar diante de pessoas altamente competitivas, seus pais e professores. A habilidade das moças para domar e habitar esse fluxo alarmante de pano é tomada como indicador de sua futura aptidão para desempenhar os papéis sociais delas esperados. Nessas ocasiões, não é de surpreender que os sáris fiquem no lugar graças a alfinetes de segurança abundante e discretamente colocados. A moça poderá então usar o sári algumas vezes no casamento de parentes, até deparar com a ocasião na qual ela será o objeto de escrutínio, seu próprio casamento, em que sua maneira de vestir o sári torna-se a peça central de seu desempenho.

Uma vez casada, a neófita do sári se empenha em obter respeitabilidade social. Ela deve aprender a se mover, drapear, se sentar, dobrar, preguear e girar o sári de modo apropriado. Pode viver com medo de embaraços ao mudar-se para a casa do marido. Mal consegue dormir, porque tem medo de que a perda de consciência a leve a descobrir a cabeça ou os joelhos; por conseguinte, sufoca nas noites de verão. A preocupação com a possibilidade de o sári cair leva a mulher a apertar tanto o cordão da anágua que, mais tarde, no médico, a convencem de que irá machucar o bebê que agora cresce dentro dela. No âmbito da segurança e da praticidade, precisa tentar evitar os machucados frequentes que resultam de prender o sári em portas, máquinas ou, o pior dos casos, no fogão.

Como estrangeiro que entra num povoado onde todas as mulheres usam sári, supomos que isso tenha se tornado natural, algo óbvio e direto. Mas não. A gente conhece uma mulher que usa sári há quarenta anos e nunca sente que ela está realmente no comando do traje. Pense nisso em analogia com dirigir um automóvel. Aprender a dirigir e aprender a usar o sári marcam uma mudança na percepção que a pessoa tem da própria idade; há um sentimento de se tornar adulta, com todas as novas liberdades, capacidades, restrições e medos que isso implica. Ambos são acontecimentos públicos, e a competência da pessoa – ou a falta dela – está aberta ao exame e à crítica de terceiros. As duas atividades partilham o envolvimento da família, os mesmos orgulhos e medos dos pais, o auxílio comum da vizinha, da amiga ou do parente que amavelmente transmite à menina uma prática e a ajuda a aprimorar suas habilidades. Algumas moças se mostram talentosas "inatas". Outras têm o infortúnio de não passar no exame de motorista ou de tropeçar em sua despedida da escola; jamais alcançam um domínio real do sári, adquirindo a nova e indesejável identidade de "mulher que não aprendeu a dirigir/usar sári" que lhes será um fardo para o resto da vida. A maioria empreende a nova tarefa com dificuldade, mas, pela prática, aos poucos chega a desenvolver uma competência automática que permitirá proceder sem ter de ficar pensando sobre a mecânica do que faz.

Assim como ao dirigir um automóvel, para a maioria das mulheres, as ações ao vestir um sári se tornam cada vez mais naturais e automáticas, e elas perdem a consciência de que estão trajando o sári e de suas exigências. Se a mulher tiver sorte e começar a dominar o sári, em vez de ser oprimida por ele, então essas habilidades tão duramente aprendidas lhe darão uma flexibilidade notável para esconder ou acentuar aqueles traços de seu corpo que ela quer expor, disfarçar ou cobrir. Trabalhe ela no campo ou num escritório, pode ter um dinheirinho economizado depois que as despesas domésticas foram pagas, e com o qual comprar suas próprias roupas. Se tiver os recursos financeiros (muitas mulheres nos povoados jamais ganham dinheiro suficiente), ela será capaz de fazer escolhas, experiências com cores e materiais, e aprenderá a perceber onde há uma barganha. Em outras palavras, ela se tornará uma consumidora ativa de sáris. Durante esse período é que a mulher realmente desenvolve seu estilo individual, tomando decisões sobre as cores que lhe caem bem, que modelos prefere e que tipo de material é capaz de administrar e desfrutar. Esse também é o período de sua vida em que ela deve fazer malabarismos com as exigências de filhos, marido, parentes, vizinhos e do local de trabalho. Tudo isso pode restringir suas escolhas; mas, onde for capaz, irá se vestir de acordo com as diferentes plateias, ocasiões e estados de ânimo.

Assim como o sári começa sua carreira de modo muito mais opressivo que a maioria dos trajes ocidentais, ele passa a ser muito poderoso. Homens que trabalham em escritórios se queixam de que não podem competir com algumas mulheres simplesmente porque não usam sári. Uma mulher em harmonia com seu sári sabe exatamente como colocar o *pallu*. Enquanto todos que olham para ela pensam que o *pallu* está quase a ponto de cair de seu ombro, ela sabe que não. Tem controle de uma ferramenta que lhe permite exprimir uma variedade de emoções e afirmações sutis, manuseando a capacidade particular do sári para a ambiguidade, especialmente no que diz respeito ao erotismo. Nesse estágio, o sári se torna um instrumento de poder. Ninguém jamais alcançou tamanho domínio político desse traje como Indira Gandhi. De algum modo, seu guarda-roupa representava todas as regiões, grupos e aspirações de centenas de milhões de mulheres indianas comuns.

Ler esta narrativa meramente como relato de um projeto de pesquisa sobre como as mulheres indianas vestem um sári seria perder os elementos-chave aqui transmitidos. O fulcro deste estudo é que o sári desempenha um papel considerável e em geral não reconhecido na criação de uma especificidade quanto a ser uma mulher indiana. O fato de haver, todos os dias, a expectativa de que a pessoa mude sua aparência diante de circunstâncias ou encontros sempre em mutação contribui para uma diferença significativa no sentimento do que é ser mulher. Há um contraste imenso com a maioria das roupas costuradas, as quais, uma vez vestidas pela manhã, podem ser ponto pacífico pelo resto do dia. Roupas costuradas não são manipuladas à maneira do sári, e as pessoas que as usam não esperam fazê-lo. Mas o sári força um engajamento e uma conversação continua com quem o veste, e uma pressão para responder às mudanças no ambiente social circundante. No livro de onde este relato foi tirado, mostramos como a luta ora em curso entre o sári e sua principal alternativa, o *shalwar kamiz*, tornou-se uma batalha sobre o que significa ser uma indiana moderna.

O sári é como um colega ator, constantemente no palco, cuja presença é sempre lembrada. Transforma a mulher numa pessoa que interage com outras pessoas e com sua própria personalidade por meio desse material em mutação constante. O sári pode ser um apoio extremamente importante quando se dá atenção a ele, ajudando a realizar todo tipo de tarefa, de práticas sociais ou emocionais. Quando negligenciado, porém, ele é rápido em trair, fazendo com que as outras pessoas julguem com severidade a mulher por mudanças inesperadas e indesejáveis de aparência. Tais experiências variadas e ambivalentes com o sári têm uma relevância de longo alcance para a percepção que uma mulher tem de si mesma. Dizer simplesmente que alguém é uma mulher indiana é só rotular. Ao examinar com minúcia o uso do sári, podemos começar a ver que há uma multiplicidade de diferentes expectativas e experiências que são resultado direto de usar um item específico de vestuário. Isso tudo cria a experiência particular de ser mulher indiana que usa sári.

Londres

O objetivo da antropologia é fazer análises comparativas desse tipo entre Trinidad e Índia. É reconhecer que aceitamos sem questionar nossos próprios modos de fazer as coisas, e que somente avaliando como os outros povos têm experiências e expectativas inteiramente diferentes das nossas é que poderemos questionar nossas próprias experiências e expectativas. Essa é a lógica deste capítulo. Só quando presta atenção à relação entre as pessoas e a indumentária em Trinidad e na Índia o londrino, como eu, poderá, por sua vez, descobrir que a relação das pessoas com as roupas em Londres é extraordinária, exótica e não explicada. Por que devemos achar o vestuário superficial? Por que usamos roupas estáticas quando há alternativas mais dinâmicas? Enfim, ficamos preparados para reconhecer que, da perspectiva de outro povo, talvez sejamos nós os esquisitos.

Em sua concepção inicial, a antropologia tendia a tratar os lugares de onde os antropólogos provinham (Londres, por exemplo) como algo dado, relativamente não marcado, contrastando com todos os demais lugares, que requeriam explicação. Hoje temos uma antropologia baseada na igualdade global de espanto e exotismo. Só porque nasci, fui educado e hoje vivo em Londres isso não quer dizer que eu compreenda a cidade. Muito pelo contrário. De alguma maneira, como londrino, sou a pessoa menos qualificada para me empenhar no esforço de compreendê-la, já que ela tem, para mim, a qualidade de ser aceita sem questionamentos. Em outras disciplinas, o usual é sugerir que, se buscamos entender, por exemplo, a experiência de um transexual argentino auxiliar de loja, precisamos sobretudo dar voz a transexuais argentinos ajudantes de loja. Mas a antropologia sempre resistiu a esse tipo de política, insistindo, em vez disso, em que necessitamos trocar entendimentos, em que são os outros que podem ver mais facilmente as convenções e suposições sobre as quais fundamos nossas vidas cotidianas. Isso implica que precisamos tratar lugares cosmopolitas como Londres com a mesma deferência de observação e análise intensas que dedicamos a qualquer outro lugar. É fácil demais afundarmos de novo em generalizações corriqueiras ao voltar aos ambientes familiares. Mesmo na Europa Ocidental, há distinções profundas nas relações regionais com a indumentária, se as examinarmos de forma sistemática.

Um exemplo surgiu há pouco na pesquisa de uma de minhas estudantes de doutorado, Marjorie Murray, que nasceu e cresceu no Chile, mas realizou seu trabalho de campo em Madri. Ela descobriu que as relações das pessoas com a indumentária em Madri é completamente diferente da que ocorre no Chile ou em Londres, onde fora fazer doutorado. Ela ficou impressionada com a extrema regularidade dos madrilenos. Ao sair, eles usam o que consideram roupas clássicas, elegantes e caras, mesmo quando não são ricos. Gastam um tempo considerável se preparado e cuidando da aparência. É muito comum o uso de roupas de grife como parte desse conjunto. Eles também têm um conhecimento muito vasto sobre o que todos estão vestindo, tanto as pessoas que encontram nas ruas quanto as celebridades. Em contraste, ao voltar para casa, trocam imediatamente de roupa, vestindo em geral peças surradas, velhas, até puídas ou rasgadas, roupas que lhes dão aparência muito desagradável. Não há, em público ou nessa indumentária privada, um sentido de expressão individual. As pessoas parecem vestir o que a maioria considera apropriado e conveniente. Claro, trata-se de uma imensa generalização; ninguém teria a menor dificuldade de encontrar diversidades, sutilezas e distinções infinitas. Porém, para conduzir uma investigação antropológica, precisamos afirmar generalizações comparativas. Marjorie Murray dá consideráveis indícios de que, pelo menos em comparação com Londres e o Chile, Madri ainda pode ser caracterizada como um lugar de convenção e conformismo surpreendentes.

Apesar de nosso sentido de cosmopolitismo europeu, há particularidades marcadas para as cidades individuais. Outro de meus doutorandos descobriu que sua irmã, na Itália, ficou tão horrorizada com o tipo de aparência grunge que Londres parece ter lhe imposto que insistiu em voltar para aquele país a fim de fazer uma espécie de cura de estilo.

Uma razão pela qual as pessoas em Madri usam uma indumentária clássica e conservadora em público está provavelmente associada à história da cidade como capital da Espanha e do antigo Império Espanhol. Antes de se exprimir como indivíduos, eles se sentem responsáveis por representar a grandeza da própria Espanha, da qual são o centro. Lá é muito difícil qualquer tentativa individual de não se conformar ao ideal público de respeitabilidade. Com efeito, usar roupas rotas em casa parece confirmar que o papel da indumentária é demonstrar a aparência pública, e não um meio de autoexpressão individual ou privada.

Em Londres, a situação é amplamente inversa. A cidade se esforça hoje para ser a capital da descontração, em parte para refutar o período anterior, em que era a capital do Império Britânico – hoje algo visto como caretice. Conformar-se a uma moda pública genérica ou recorrer a etiquetas de estilistas fará com que se encare o usuário como incompetente do ponto de vista do vestuário. Estilos que repudiam deliberadamente a respeitabilidade muitas vezes são a vanguarda da moda. Em Londres, os indivíduos são incitados a se expressar, até a se encontrar, pelas roupas. Como atestará a maioria das mulheres em Londres, isso é bem mais complicado do que parece. Mas leva de fato a uma compreensão muito diferente do que é a própria moda. A maior parte das teorias sobre moda encara a indústria do setor, sua organização, as pressões e os padrões para explicar a moda.[13] Porém, na verdade, há bons indícios de que a maioria das pessoas escolhe suas roupas tanto a despeito quanto por causa da indústria da moda. Se dermos uma mirada no espectro de indumentárias realmente usadas nos trens do metrô ou nas ruas de Londres, as coisas parecem muito diferentes das revistas de moda que essas mesmas pessoas leem.

No presente, estou envolvido num projeto de grande escala sobre o jeans,[14] que, em qualquer dia considerado, é material usado por cerca da metade da população. Sem dúvida a indústria da moda tenta lançar mão do jeans, contratando uma cara lista de designers de roupas. É esse jeans que as revistas irão exibir, sobre ele irão escrever. Porém, a vasta maioria do jeans que as pessoas usam é relativamente comum, sem as características definidas nas revistas. Ao longo da última década, o crescimento do jeans barato, de supermercado, foi muito mais significativo que o crescimento do jeans de estilistas. É sobretudo o jeans barato que vemos na rua. Como o estilo mal chega a mudar de década para década, é difícil argumentar que isso mostra que estamos respondendo às pressões da moda em sua busca inquieta de novos nichos lucrativos.

Assim, talvez devêssemos olhar para outro lugar a fim de formular uma teoria da moda feminina em Londres. Como na Índia e em Trinidad, temos de levar a sério a experiência das mulheres que vestem jeans. O momento crítico dessa experiência pode ser quando a mulher se levanta de manhã, examina um guarda-roupa cheio e, no entanto, sente um medo esmagador de não ter "absolutamente nada para vestir". Outra estudante de doutorado, Sophie Woodward, escreveu sua tese sobre a ação de vestir-se pela manhã.[15] Ela chegou à conclusão de que observar o que as mulheres vestem na rua só propicia uma mirada parcial. Muito frequentemente, ao se vestirem de manhã, elas experimentam um conjunto mais ousado de roupas, talvez várias vezes, antes de perder a confiança e voltar à indumentária-padrão. Decidi nunca perguntar com profundidade como exatamente ela conseguiu realizar esse trabalho de campo, mas foi isso precisamente que ela descobriu: a moda em Londres tem muito mais a ver com ansiedade do que com indústria. É a ansiedade que explica as principais mudanças na moda ao longo das últimas décadas.

Um ensaio intitulado "The little black dress is the solution. But what is the problem?" refletia sobre essas mudanças.[16] Por que todas as outras cores só podem aspirar a ser um sucedâneo do preto? Onde e quando isso aconteceu? O preto pode ter alguma associação com a cromofobia que parece ter possuído a modernidade de tempos em tempos, mas isso não impediu uma verdadeira explosão da cor nos anos 1960 – não muito menos que Austin Powers. A maior parte do que escrevi até aqui diz respeito a mulheres, mas eu também passei por essas mudanças. E as vejo como aquelas descritas pelo maravilhoso livro infantil de Salman Rushdie, *Haroun e o mar de histórias*. A premissa do livro é que há algum mecanismo do mal tirando o fluxo vital das histórias que correm nas veias do nosso mundo. Durante toda minha vida testemunhei semelhante perda terrível. Houve uma lixiviação gradual da cor e da estampa no mundo das roupas em Londres. Como na história de Rushdie, é como se houvesse um buraco enorme em algum lugar por onde a cor e a estampa estivessem vazando, deixando o mundo cada vez mais cinza, marrom e preto, com roupas que contribuem para um ambiente monótono e sem cor, só compensado por parcas exceções, como as roupas esportivas e o vestidinho vermelho.

Eu me sinto pessoalmente afrontado por esse assalto, pois também sofro da mesma aflição. Quando comecei a dar aula, eu ainda usava suéter cor de abóbora e um colar de conchas trazido de meu trabalho de campo nas Ilhas Salomão. Mas eu parecia um hippie anacrônico. Claro, ser hippie já era uma coisa só convencional naquele tempo, e eu mudei, com todos os movimentos subsequentes, para o incolor. Hoje, parece que acabei nos convencionais tons de marrom e azul e no preto masculinos, com cortes clássicos, no estilo Armani para roupas formais, e jeans para as informais. A possibilidade mais animadora que sobrou, se tanto, é descobrir um novo tom de cinza.

Para explicar tudo isso, precisamos examinar e depois explicar o problema subjacente. A minha própria investigação vem de um ano que passei fazendo compras com pessoas numa rua do norte de Londres.[17] Eu descobri que a ansiedade das mulheres sobre as roupas têm todas as formas e tamanhos. Sharon, por exemplo, está chegando ao quadragésimo aniversário e vê essa fase como um divisor de águas em termos de consolidar sua aparência e seu guarda-roupa, pois "está farta de fazer bobagem". Mãe em tempo integral de três filhos, moradora numa habitação do Estado, ela se compara a uma amiga íntima que "podia usar um trapo e ficar maravilhosa". Entre seus recentes desastres de moda estava o fato de ter sido a única pessoa a usar vestido de noite numa festa para sua sogra, porque acreditara na afirmação da velha senhora de que todos caprichariam na indumentária para a ocasião. E também por dirigir 25 quilômetros cruzando Londres com a família para um batizado e depois voltar, pois simplesmente tinha de trocar o vestido de verão de algodão azul por outro, cujo decote era menos no estilo "camiseta".

As ansiedades de Sharon poderiam ser rotuladas como próprias da meia-idade. Mas a situação não é muito diferente ao fazer compras com Charmaigne, uma moça de dezoito anos muito na moda, extremamente consciente de sua figura "ideal" (ela dança em vídeos de música *pop* de vanguarda), e que se destaca por escolher itens que julga acentuar de maneira apropriada o seu corpo. Porém, sentindo que precisa parecer mais adulta, decide que necessita de um vestido com estampas florais. Durante nossa expedição ao shopping de Bent Cross, encontramos centenas de possíveis estampas florais. A questão do preço não é abordada, só a adequação. Certamente não há falta de opções. O problema para Charmaigne, reiteradamente, era saber se gostava ou não de verdade da estampa e, por conseguinte, se conseguiria determinar qual era ou podia ser sua preferência. No final, ela voltava para casa de mãos vazias. Charmaigne não carece de conhecimentos sobre roupas: seu problema é definir seu próprio gosto em relação a um gênero ou tipo que não lhe é familiar. Pode-se ter um sentido refinado de nuances de linguagem sem saber o que dizer.

É por isso que há na Inglaterra tamanha atração por aqueles que podem nos dar uma orientação clara: assistir a um programa chamado *What not to Wear* e rezar para que haja algumas regras claras que se possam seguir; ou, num extremo mais radical, assinar o serviço de uma empresa como *Colour Me Beautiful*, que diz ter toda uma ciência da indumentária e que dirá exatamente qual a cor certa para você. Assim, é possível documentar e caracterizar essa ansiedade no âmago da moda, mas também precisamos explicá-la. Por que isso cresceu ao longo das últimas décadas, a ponto de as pessoas não se sentirem capazes de vestir grande parte do que está facilmente disponível nas lojas? Aqui a antropologia pode intervir com sua perspectiva comparativa. O que torna a situação em Londres tão diferente dos exemplos anteriores?

Na Índia, as mulheres que usam sári estão sujeitas a um conjunto de regras e convenções sociais muito bem-estabelecidas. Uma mulher que traje algo inapropriado logo será avisada de seu *faux pas*. Em comparação, a indumentária em Londres é muito menos guiada pela ordem e a convenção social. Ela se tornou extraordinariamente diversa e sujeita a mudanças rápidas. Tanto a coação quanto o apoio à convenção social se dissolveram. A orientação da indústria da moda é muito mais difícil. Antes havia alguma coerência, e a pessoa tinha confiança sobre o comprimento certo da saia naquele ano. As bainhas em todo o país subiam e desciam no mesmo compasso.

Hoje a orientação é vasta e contraditória, e, apesar de ler múltiplas revistas, a maioria das pessoas não tem, em momento algum, muita certeza do que realmente está na moda. Isso acontece apesar de algumas brilhantes "tias da angústia"* da moda (minha própria heroína é Hadley Freeman, do *Guardian*). Talvez por isso as pessoas desconfiem muito mais das afirmações comerciais sobre as normas correntes da moda. Quem sabe (de modo mais significativo) grande parte desse desengajamento em relação à moda venha da pressão esmagadora de expressar o individual, e não apenas seguir o que estiver na moda. Em Londres, isso leva a uma desconfiança em relação a gêneros como marcas de estilistas, os quais, para os adultos, podem parecer vulgares ou tolos. Situação inteiramente diferente da de Madri.

Se em Londres as pessoas suportam uma responsabilidade pessoal quanto a desenvolver sua própria percepção de estilo, isso torna a cidade muito mais parecida a Trinidad. Mas há questões que fazem de Londres algo muito diferente de Trinidad. As pessoas na capital inglesa são relativamente circunspectas ao expressar sua opinião sobre a aparência das outras. Estranhos jamais gritariam comentários na rua para um passante, como parecem fazer em Trinidad a cada minuto. Os comentários em Londres raramente são diretos; na maior parte das vezes eles se baseiam em gracejos e ironias, ou são ditos a uma terceira pessoa, e não ao indivíduo em questão. Como consequência, as pessoas acham mais difícil obter um ponto de

* Em inglês *agony aunt*: nome dado às autoras das chamadas *agony coluns* (colunas de conselhos) de jornais e revistas ingleses, com perguntas dos leitores sobre dificuldades pessoais e respostas trazendo conselhos, indicações etc. (N.T.)

apoio nessa apresentação externa de si mesmas. Elas simplesmente se sentem inseguras sobre o que os outros pensam sobre elas, e depois, por sua vez, se tornam cada vez mais inseguras quanto a saber o que pensam sobre si mesmas. Pelo menos, com as críticas abertas você sabe onde está. Em Londres, isso é substituído por uma paranoia sobre o que as pessoas podem dizer pelas suas costas – de onde elas podem ter uma visão mais clara do tamanho do traseiro de alguém. Talvez não surpreenda que o nome do programa-chave de televisão não seja *What to Wear*, mas sim *What not to Wear*.

Sem as normas sociais da Índia e os comentários críticos explícitos de Trinidad, as mulheres sentem falta de apoio para desenvolver suas próprias preferências pessoais. A frase "Eu posso não entender de arte, mas eu sei do que gosto" é substituída pelo sentimento oposto, de que de fato sabem um bocado sobre indumentária, mas não têm absolutamente nenhuma segurança sobre aquilo de que gostam. De certa maneira, o prego no caixão da certeza e da confiança foi o feminismo. Apesar de alguns recuos e repúdios nos anos recentes, houve claramente mais avanços no impacto efetivo do feminismo em Londres do que na Índia ou em Trinidad. O feminismo se dedica ao empoderamento das mulheres no sentido de fazer escolhas por si mesmas, de não serem pressionadas por fatores externos. Isso é inteiramente positivo em termos de igualdade. Mas coloca mais peso sobre os ombros dos indivíduos quanto a saber por si mesmos o que querem e o que não querem ser. No mundo moderno, essa tarefa está se tornando uma das mais difíceis. Tudo culmina numa situação em que o núcleo da moda se torna a ansiedade. Assim, em Londres, de modo paradoxal, a liberdade desemboca numa conformidade que pode ser completamente insípida, mas que é diferente em causa e efeito daquela de Madri.

Os estudiosos têm grande prazer em repudiar o que foi chamado de "intuitivamente óbvio". Nós ganhamos muito mais crédito se nossos insights parecerem originais e desafiadores. Mas, em si mesmo, isso não os torna errados. A situação é cheia de irônicas contradições: liberdades que criam ansiedades, empoderamento que parece opressivo, individualismo que leva à conformidade. Sejamos claros sobre as implicações desse argumento. Na frente política, o problema muito maior e mais significativo do feminismo sem dúvida é que, até agora, ele não foi bem-sucedido o bastante. Eu sou um estudioso dos anos 1970 e 1980, com alguns compromissos. Estou muito frustrado com o retrocesso daquilo que tomei como progresso irreversível rumo à igualdade. Mas isso não nos impede de avaliar as contradições do feminismo – sua contribuição para o imenso fardo da liberdade. Dificilmente eu defenderia um retorno aos códigos autoritários da indumentária e ao respeito injustificado à voz das elites industriais. A ansiedade ao fazer compras e se vestir, ou o sentimento de que um guarda-roupa parece "não ter nada", pensando bem, pode ter um preço que valha a pena pagar.

Conclusão: cai bem?

A intenção aqui é apenas compreender, depois de alguma reflexão, o que é uma relação com a roupa que agora parece bem mais peculiar a Londres que à Índia ou a Trinidad. Londres ganha um sentido espetacular de insipidez diante da abundante seleção de alternativas coloridas expostas ao menos em algumas lojas, se alguém escolhesse comprá-las. O que tudo isso demonstra é a vasta gama de relações possíveis entre o conceito de eu, a pessoa, e a indumentária. Não há nada de novo nisso. Se mirarmos a longo prazo, torna-se ainda mais claro que não só a indumentária está mudando, mas o outro lado da equação, o eu, está mudando também. Este livro resume meu trabalho e o de meus alunos, contudo, nenhuma desculpa é necessária para fazermos uma rápida incursão e visitarmos uma narrativa brilhante dessa trajetória histórica: *O declínio do homem público*, de Richard Sennett.[18]

Concentrando-se em material proveniente da França, Sennett reflete sobre o período anterior à Revolução Francesa, às vezes chamado de *Ancien Régime*. Naquela época, presumia-se que as pessoas deviam se vestir de acordo com sua posição. Supunha-se que, pela indumentária, era possível saber quem era o outro: açougueiro, criado, prostituta ou nobre. Como em muitas partes do mundo, em diferentes tempos, devia haver leis suntuárias; qualquer tentativa de vestir-se acima de sua posição era ilegal. Permitia-se troça em público acerca de uma pessoa vestida de maneira imprópria à sua ocupação. Assim, a indumentária não representava, na época, uma suposta pessoa interior autêntica. Antes, supunha-se que as pessoas vivessem de acordo com as categorias convencionais que suas roupas representavam. Sennet investiga várias mudanças nessa conexão fundamental. Uma delas é a ascensão do teatro e da ideia de representar. Resultado da consciência de que as pessoas podem representar um papel é a ideia de que alguém que não o esteja fazendo é natural. O corolário é que talvez as pessoas tivessem de ser naturais quando não estivessem explicitamente representando.

Toda a relação entre a natureza, o eu e a aparência foi confundida pela Revolução Francesa. Isso criou uma profusão de novos ideais sobre a verdade e a pessoa. Ao mesmo tempo, passou a vigorar um culto à nudez como forma de expressar o ideal de que o verdadeiro eu não devia ser escondido por artifícios – dentre os quais se incluía a indumentária. A partir daí, pode-se reconhecer o começo da trajetória liberal, que enfatiza o eu como meta da vida. Isso leva, enfim, ao ideal californiano pós-1960, de passar a vida em busca do eu verdadeiro, natural, autêntico. Assim, a maioria das pessoas hoje, em lugares como Inglaterra ou Estados Unidos, começou a acreditar que compreender a indumentária corretamente é parte da procura do que é realmente a pessoa. Roupas não nos mudam tanto quanto nos revelam, até para nós mesmos: revelam o verdadeiro eu interior e relativamente constante. De forma típica, procuramos nas lojas algo que seja original, mas não vistoso demais, modesto, porém não enfadonho, porque... Bem, é assim que somos, não?

Essa breve exposição sobre o trabalho de Sennett fechou o círculo, levando-nos ao ponto de partida, de volta à ideia de um autêntico eu interior e à superficialidade intrínseca da indumentária; uma hipótese filosófica cuja suposta universalidade foi repudiada pelo exemplo de Trinidad. De maneira auspiciosa, há uma conclusão cumulativa que apoia a introdução deste capítulo. Em três exemplos muito diferentes, torna-se claro que não podemos encarar a vestimenta como uma forma de representação, um signo semiótico ou um símbolo da pessoa. É essa forma de análise, e não a indumentária, que agora nos parece superficial. Em vez disso, descobrimos algo muito profundo. O conceito de pessoa, a percepção do eu e a experiência de ser um indivíduo são radicalmente diferentes em tempos diferentes e em lugares diversos, e parcialmente em relação às disparidades de indumentária. Em cada caso, descobrimos que o vestuário desempenha papel considerável e atuante na constituição da experiência particular do eu, na determinação do que é o eu.

Em Trinidad, as pessoas usam roupas para descobrir quem são naquele momento particular do tempo. Na Índia, a experiência de ser mulher é diferente, considerando que se espera que a pessoa mude constantemente de aparência em função de cada circunstância. Em Madri, a indumentária ajudou a preservar o ideal cosmológico da cidade como centro da civilização. E descobriu-se que, em Londres, ela é uma fonte de ansiedade precisamente pelo aumento da pressão sobre os indivíduos para exprimir a si próprios, combinado à dificuldade crescente de a pessoa determinar seu próprio gosto individual. Assim, não obstante nossas expectativas comuns de educação e estilo de vida, e os supostos efeitos homogeneizantes do capitalismo global, encontramos diferenças regionais surpreendentes em nossa relação com a indumentária. Isso, por sua vez, nos mostrou que também persiste uma considerável diversidade em quem e em o que pensamos que somos. E essa diversidade não me parece superficial. Desse modo, mesmo que encontremos as mesmas cadeias de lojas de roupas no varejo de São Paulo a Seul, isso não significa que a experiência de usar tais roupas foi reduzida a uma só forma expressiva. Outra conclusão é de que o papel da antropologia, comprometida em aprender a partir de estudos comparativos da humanidade, não foi diminuído pelo capitalismo e a modernidade globais. Sob mais de um aspecto, a brincadeira está só começando.

Este capítulo também tentou exemplificar o argumento, introduzido no prólogo, de que os estudos antropológicos da cultura material devem lutar em prol de uma visão de extremismo. Nessa jornada, porém, ainda temos um longo caminho a percorrer. A maior parte deste capítulo dedicou-se à imersão na rica espuma da etnografia, abundante em seus detalhes: a sensualidade do toque, da cor e do fluxo. Um estudo da indumentária não deve ser *frio*; ele precisa evocar o mundo tátil, emocional e íntimo dos sentimentos. A primeira tarefa de um antropólogo é transmitir esses sentimentos de modo empático: qual a sensação de vestir um sári, onde ele aperta o corpo, onde a pessoa sua. Como você flerta e como você se mantém modesta. Como é horrível ser a única pessoa formalmente vestida numa festa. Como podemos fazer compras por horas e horas e não sermos capazes de comprar nenhuma das milhares de alternativas oferecidas. Nós imergimos na minúcia da intimidade.

O capítulo seguinte eleva-se um pouco mais, deslocando-se para climas mais austeros e frios, para os extremos da generalização, da abstração e da filosofia, a fim de indagar se é possível haver uma teoria da cultura material e se podemos chegar a conclusões gerais sobre a natureza da humanidade e da nossa materialidade essencial. Mesmo que alcancemos esse pico, não queremos ficar presos lá. O objetivo não é se tornar filósofo. O objetivo da antropologia é alcançar toda filosofia pura e puxá-la para baixo, de volta ao vale, ao terreno barrento e turvo da particularidade e da diversidade. Grande parte deste capítulo não se dirigiu à indumentária como cultura material, mas como indumentária – com questões sobre uso e textura, que são altamente específicas ao vestuário e que irão contrastar com os capítulos seguintes, concentrados em outros gêneros de manifestação, como moradia ou mídia. Mas a indumentária realizou sua tarefa muitíssimo bem. Ela nos mostrou como, no mundo híbrido da vida cotidiana, esses reinos íntimos e sensuais são os mais efetivos para determinar a aceitabilidade e a plausibilidade de regimes de pensamento que chamamos de racionalidade ou mesmo de ontologia. Com a ajuda do reino do vestuário, podemos ver como, para a maioria das pessoas, sistemas de pensamento sobre o mundo também devem dar a *sensação* certa.

2. Teorias das coisas

Do hedonismo ao funcionalismo

A intenção deste capítulo é argumentar em favor de uma teoria que explique as descobertas do capítulo anterior. Já nos afastamos da ideia confortável de que começamos com pessoas fazendo coisas que as representam ou representam os outros. Agora está claro que, ao contrário, na cultura material, estamos interessados também, e na mesma medida, em como as coisas fazem as pessoas. Mas esse foi o Capítulo 1. No fim do Capítulo 2, será questionada a própria concepção de coisas como opostas a pessoas; ao contrário, chegaremos a processos que produzem a ilusão de que entidades discretas se fazem umas as outras. Este capítulo não pretende apresentar *a* ou *a única* teoria desse tipo. Muitos de meus colegas, em meu próprio Departamento e em outras universidades, têm abordagens complementares àquela aqui empreendida. Alguns dão mais ênfase, por exemplo, às propriedades de materiais como a madeira e a pedra, e não a artefatos, ou tomam um caminho diferente com a ajuda da fenomenologia. Mas nós esperamos que este capítulo pelo menos demonstre que é possível criar teorias plausíveis e úteis sobre *trecos*.

A demonstração começará na forma de uma história ou busca pessoal. Iniciando com minhas tentativas anteriores sobre a teoria, ela progredirá em seguida para a teoria-núcleo da objetificação, tal como derivada do filósofo Hegel e então transformada por autores que vieram depois dele, como Marx e Simmel. Em seguida, farei um desvio para analisar a natureza da própria materialidade. O capítulo termina com uma consideração a respeito das consequências mais amplas dessas teorias. Grande parte disso significa trabalho árduo, mesmo nas versões bastante vulgarizadas da filosofia aqui empregadas. Se você realmente não consegue suportar esse tipo de abstração fria, pode passar adiante. Mas não desanime. Nos capítulos subsequentes, mais uma vez, poderemos, auspiciosamente, voltar a descer e nos sujar.

Minha formação inicial foi como estudante de antropologia e de arqueologia, mas com ênfase nesta última disciplina, a qual, para ser honesto, me parecia a mais romântica das duas. Eu trabalhei em várias escavações arqueológicas; a primeira era uma fábrica de cerâmica romana na surpreendente cercania suburbana de Muswell Hill, Londres. Depois, aventuras mais exóticas incluíram uma tentativa de descobrir o império perdido dos Srivijaya, nas selvas de Sumatra. Ver tigres na floresta, escavar em enormes cavernas, observar a névoa da manhã se erguer dos vales com plantações de arroz em terraços, aprender a xingar em indonésio, com as moças locais, passar férias em Bali. A vida poderia ter sido pior. O fato de termos fracassado redondamente em encontrar o império perdido dos Srivijaya parecia um generoso presente de oportunidades futuras para outros. Depois, eu frequentei palestras sobre a antiga China em Londres. Escrevi ensaios em Cambridge sobre a civilização do vale do Indo, na Ásia do Sul, e, com um colega estudante, nos autodenominando expedição, fui estudar a manufatura de cerâmica na região de Ambon, na Indonésia Oriental.

Depois de me formar, fui empregado por dois anos como arqueólogo do governo no Museu Nacional das Ilhas Salomão, no Pacífico Sul, num esquema de voluntariado,[1] e passei um tempo examinando cabanas menstruais de povos tribais com o antropólogo Roger Keesing, que tinha escrito o livro didático em que eu estudara,[2] e depois colhendo receitas para cozinhar crianças de povos que tinham esse costume (vou lhe poupar dos detalhes, embora a prática envolvesse a matança de porquinhos do sexo oposto e fornos cavados na terra). Tentávamos sobretudo documentar e proteger vestígios do passado, em parte por meio de novas leis. Descalços, percorríamos trilhas abertas a facão pela floresta, a fim de descobrir fortes abandonados no alto de colinas. Depois, relaxávamos com colegas voluntários nadando de *snorkel* sobre corais, ao mesmo tempo que fazíamos circular jarras de vinho australiano, entre nós, sobre a superfície lisa do mar cercado de arrecifes. Mais dois anos difíceis.

De algum modo, alguns persistentes elementos da tediosa preocupação acadêmica sobreviveram a tudo isso. A expedição de Ambon já se concentrara na manufatura da cerâmica.[3] Ela pesquisou o modo como diferenças sociais e culturais, por exemplo, entre oleiros muçulmanos e cristãos, eram representadas não por potes diferentes (aliás, eles eram idênticos), mas por distinções no modo como os potes eram manufaturados. O interesse pela cerâmica deriva de um ponto de convergência entre trabalhar como arqueólogo e como antropólogo. Meu começo naquela escavação em Muswell Hill deixou claro por que os arqueólogos têm um interesse especial por cerâmica.

Muitos sítios antigos são semeados de fragmentos de cerâmica, e algumas vezes não muito mais que isso. Portanto, o caminho para a reconstrução dos tempos antigos, em geral, depende muito de como esses fragmentos de cerâmica são interpretados. A tentação era render-se à sua presença extensiva. Assim, era possível ler: naqueles dias, a história da Europa pré-histórica foi invadida pelo povo Breaker* (pensando bem, eles deviam ter uma aparência bem estranha). Parecia adequado reavaliar essas identificações tão simplistas por meio de comparações com populações contemporâneas e o significado (ou não significado) da cerâmica na vida delas tal como observada no estudo etnográfico.

Posteriormente, em meu retorno a Cambridge como estudante graduado, transferi-me para uma aldeia no noroeste da Índia, onde vivi por um ano a fim de colher dados para meu doutorado. O problema que defini soava muito simples: os oleiros naquela aldeia produziam uma gama de mais de cinquenta configurações de cerâmica, cada qual com nome e função próprios. Por isso, os objetos eram análogos às coleções de cerâmica que davam margem a tanta interpretação arqueológica. Considerando a informação adicional disponível quando se está trabalhando com uma população viva, eu perguntei o que explicava aquela variedade particular de potes. O livro que resultou desse estudo intitulou-se *Artefacts as Categories*[4] e foi parcialmente inspirado nas ideias então interessadas em processos de categorização. Um dos argumentos do livro, con-

* Povo que, no fim do neolítico, chegado provavelmente da região do Reno, estabeleceu-se no sudoeste da Grã-Bretanha, levando consigo uma técnica própria de cozer a cerâmica. (N.T.)

tudo, merece ser repetido, pois lida diretamente com o debate talvez mais amplo do estudo da cultura material, que é o papel do termo *função*. A função ainda é nosso equipamento-padrão quando avançamos rumo a qualquer explicação acerca de por que temos o que temos. É o modo como rotulamos bens, desde frigideiras até trajes de banho. Contudo, além de dominar relações familiares com coisas, ela também oferece uma poderosa trajetória do pensamento acadêmico. O adágio "a forma segue a função" ficou famoso no Modernismo e continua a ser um tropo no design e na arquitetura.

Justo quando parecia estar quase inteiramente morta, há pouco a ideia de função fez um retorno espetacular, com um papel-chave nos muitos modelos explicativos baseados na evolução que se tornaram predominantes tanto na arqueologia quanto na antropologia. Esses modelos quase sempre dependem da função como um dos aspectos da adaptação da humanidade ao seu ambiente. A analogia é com os tentilhões das Galápagos de Darwin, cada qual se desenvolvendo como uma ferramenta viva para explorar algum nicho que assegurasse sua sobrevivência. Há uma imensa moda de explicações no estilo evolucionista de mais ou menos todos os aspectos do comportamento humano. Você encontrará relatos sobre essa pesquisa em jornais respeitados, como *The Economist*, e na televisão. Ela é bem-representada em meu próprio Departamento. Hoje, é possível que esse tipo de antropologia evolucionista seja mais influente que a antropologia social. Para ser honesto, eu acho impossível levar grande parte dela a sério. Fico muito ofendido quando alguma autoridade nesse tipo de abordagem aparece na televisão, com o título de antropólogo, e explica com voz inexpressiva por que as mudanças nas taxas de divórcio ao longo dos últimos cinquenta anos podem ser entendidas por fatores ligados à descida da humanidade das árvores.

A objeção é na verdade muito simples. Se nossos costumes sociais e culturais, de qualquer maneira, estivessem ligados a funções, isso teria produzido uma humanidade relativamente homogênea, cuja variação seria correlata às diferenças nos ambientes. Mas a antropologia social existe porque a humanidade se desenvolveu de modo completamente diverso. Numa pequena área, como Papua Nova Guiné, é possível refutar quase toda generalização que se queira fazer sobre o comportamento humano. Há tribos que privilegiam a homossexualidade; que comem seus ancestrais ou seus inimigos; que fazem homens menstruar (sangrando pelo pênis); que dançam interminavelmente; que categorizam o mundo natural sistematicamente; que lutam sem parar; que se enfeitam de modo ostensivo; que desenvolvem ideais cosmológicos brilhantemente esotéricos sobre quase toda suposição filosófica nominável. Porém, cada uma dessas comunidades acredita que seus costumes são inteiramente naturais e próprios; os outros é que são estranhos e equivocados. Os ilhéus das Salomão, de quem coletei aquelas receitas, viam a matança e a ingestão de crianças simplesmente como um meio necessário para obter certa fonte de poder (*mana*) indispensável para as tarefas que empreendiam. Em outras palavras, eles o viam como um ato moral, e não o contrário. Mesmo que não conheçamos as exóticas distinções representadas pela Melanésia, todos estamos mais familiarizados com as diferenças culturais entre, digamos, os povos do Japão e da Amazônia, da França e do Sri Lanka, de Kensington e King's Cross. Eu simplesmente não consigo ver nenhuma correlação com o ambiente, sequer muito efeito sobre ele. O clima se mantém razoavelmente constante nos subúrbios de Londres. Relatos que afirmam o contrário são muito populares, talvez porque suas aparentes explicações façam a vida parecer mais simples.

Quando um colega informa que, para uma sociedade na África com alta mortalidade infantil, o fato de os avós cuidarem das crianças se revelou fundamental para a reprodução da família, eu respeito a informação como ciência séria. Mas somente quando isso disser se referir a um grupo que se esforça para se reproduzir – isto é, a um comportamento que é relevante para o problema em questão. Aceitar os efeitos da evolução sobre qualquer outro ser humano seria dizer que uma sociedade é mais bem-adaptada em termos evolutivos que outra. Porém, não se verifica na Nova Guiné (ou no Reino Unido) um sistema de parentesco, um ritual, um tipo de moradia, a propensão para a guerra ou qualquer outra coisa mais capaz de assegurar a reprodução social ou cultural do que outra em decorrência de algum fator ambiental. Nosso comportamento não é questão de adaptação. Assim, a única coisa que a antropologia evolucionista pode nos dizer, com alguma plausibilidade, é o que todos temos e fazemos em comum como humanidade. Essa é uma tarefa acadêmica perfeitamente respeitável. Mas a explicação evolucionista nunca nos dirá grande coisa sobre o que é relevante para a antropologia social, que focaliza o problema oposto: o que nós não temos em comum. A evolução tampouco nos ajudará muito a entender a diversidade dos trecos. Afinal, em pleno século XXI, os ambientalistas não chegam propriamente a celebrar a tecnologia cada vez mais adaptativa da humanidade, ou chegam?

Restrinjamos o foco à própria palavra função. O problema com esse conceito deveria ser evidente a partir do Capítulo 1.

Em Trinidad, na Índia e em Londres, todos usam roupas para se manter aquecidos e secos, mas isso não nos diz praticamente nada de interessante sobre nosso relacionamento com a indumentária. Suponho que possamos argumentar que o sári é mais ou menos funcional que uma saia, mas logo descobrimos que falamos em função de maneira muito vaga. Se um sári é melhor para expressar modéstia, esta é uma função? Se uma saia sinaliza distinção de gênero, esta é uma função? Se a maioria das mulheres que consertam estradas e trabalham nos campos da Índia usa sári, isso significa que os sáris são mais funcionais que saias ou calças?

Como parte da minha pesquisa sobre cerâmica no povoado indiano, uma das tarefas que estabeleci foi investigar de maneira sistemática o valor elucidativo da palavra função para explicar as formas que encontrei.[5] Eu tinha visto aquele tipo de cerâmica tribal exibido em museus, acompanhado de catálogos que falavam com grande interesse e entusiasmo sobre como aqueles artefatos tradicionais tinham evoluído em perfeita harmonia com as necessidades tribais e de ambiente para produzir as formas que hoje encontramos. Em geral, isso é concebido como um comentário derrisório sobre o nosso próprio mundo industrial, visto como um monte de lojas cheias de contrassensos supérfluos que todos deveríamos lamentar.

Portanto, eu observei obedientemente, por mais de um ano, como a água era tirada dos potes, como a comida era feita nas panelas e coisas assim, marcando a posição precisa dos dedos, formas de derramar etc. Minha conclusão foi que, ao mesmo tempo que as pessoas, como o esperável, de fato conseguiam armazenar água e cozinhar, os formatos precisos dos potes eram incrivelmente mal-adaptados aos propósitos aos quais deviam servir. As pessoas usavam grandes potes de água redondos, com bocas pequenas, de onde a água era extraída com um recipiente de cabo longo. Eram muito ineficazes. É impossível tirar água quando os potes estão cheios pela metade. As lamparinas de óleo tendiam a apagar, às vezes depois de pouco tempo, pois os pavios afundavam no óleo. Em todo caso, assim como nas reflexões anteriores sobre roupas, quando observamos que eles empregavam onze diferentes tipos de recipientes para a mesma função, as diferenças não podem ser explicadas pela função.

Na verdade, nunca houve uma sociedade funcional, e povos tribais ou rústicos provavelmente se preocupavam muito menos com as funções *per se* do que funcionários de escritório ou banqueiros.[6] Sim, eles querem que seus barcos flutuem, mas funcionários de escritório querem o mesmo quando estão de férias. Ilhéus trobriandeses não cultivam inhames muito longos porque são mais fáceis de cultivar ou de comer. Em vez disso, temos de nos voltar para perspectivas muito diferentes se quisermos saber por que os potes de uma aldeia indiana têm formatos e gama precisos. Primeiro, a diversidade desses potes dificilmente é aleatória. A maioria das cinquenta configurações observadas difere apenas segundo a exploração de dois ou três aspectos. Assim como meus paletós se concentram em diferenças (digamos) no número de botões e no formato da lapela, os potes variam conforme o ângulo da borda, se são mais ou menos arredondados ou se têm base plana. Por sua vez, essas diferenças podem ser sistematicamente relacionadas a seu significado simbólico.

Por exemplo, se pensamos nos gêneros alimentícios, segundo a cosmologia hindu, como um espectro que vai do mais puro ao mais impuro, a sequência de recipientes usados para cozinhar faz sentido. Os de boca mais larga, com as bordas mais anguladas, são associados aos víveres mais poluentes (como a carne) e aos usados pelos idosos para urinar, ao passo que as formas mais arredondadas e fechadas se associam ao leite, que tem, no hinduísmo, conotações sagradas. Uma pequena distinção pode marcar a versão de um pote destinado ao festival de Divali, como os cristãos talvez tenham uma caneca para o Natal ou a Páscoa caracterizada com um desenho especial. Potes que são distribuídos em situações formais, em certas épocas do ano, têm aparência sistematicamente diferente dos que são comprados com dinheiro no mercado. Em resumo, a razão pela qual cinquenta potes diversos são produzidos reflete a complexidade e a elaboração de distinções rituais e sociais simbólicas. Se você ainda estiver desesperado para chamar as distinções simbólicas de *função* dos potes, bem, ninguém poderá impedi-lo.

A palavra cultura nos diz que as sociedades elaboram o que são e o que fazem de muitas maneiras. Pelo parentesco, pelo ritual e também pelos objetos. Porém, se deixássemos nossas descobertas nesse nível, estaríamos apenas de volta à nossa teoria básica da representação, a da semiótica. A distinção entre potes pode não ser redutível à função, mas o último parágrafo dá a impressão de que diferenças representam apenas distinções, por exemplo, em termos de pureza, em contraposição à poluição; ou festivais em contraposição a tempos seculares. Na corrente dominante da antropologia social, a tendência era reduzir essas representações simbólicas, por sua vez, a algum tipo fundamental de distinção social. Isso segue as estreitezas dos ancestrais básicos do estudo das ciências sociais, como

Durkheim. Seguindo nessa tradição está Mary Douglas, uma das expoentes mais expressivas da análise de categorias e categorização. Ao estudar, por exemplo, o simbolismo da comida, ela sempre tentou relacionar categorias e categorizações com distinções sociais subjacentes.[7] A questão será debatida com mais detalhes adiante. Uma teoria da representação, contudo, pouco nos diz sobre a verdadeira relação entre pessoas e coisas; ela tende sempre a reduzir as últimas às primeiras. De modo que isso sugere a necessidade de uma ambição a mais: a possibilidade de se desenvolver uma teoria das coisas *per se* que não se reduza às relações sociais.

O primeiro passo foi produzir uma teoria da cultura material que pudesse se aplicar aos potes. Eu empreguei duas fontes, ao empreender essa jornada. A primeira foi o livro *Frame Analysis*,[8] no qual o sociólogo Erving Goffman argumentava que grande parte do nosso comportamento é sugerido por expectativas determinadas pelos quadros que constituem o contexto da ação. A gente não invade o palco para salvar uma atriz que representa Desdêmona quando ela está realmente em perigo. Há muitos elementos no teatro proclamando que aquilo é "encenado", em oposição à violência *real*. Pessoas ocupam papéis sociais, como pais ou alguém que trabalha em propaganda. Mas elas também brincam com esses papéis. Nós temos de decidir se estão sendo irônicas ou se desejam ser tomadas por seu "valor nominal". Elas se distanciam de seu papel na propaganda afirmando que *realmente* são artistas, mas não conseguem ganhar a vida com isso. O ponto importante, aqui, é que as deixas que nos dizem como interpretar os comportamentos em geral são inconscientes. Elas podem estar no lugar onde se situa a ação ou nas roupas usadas. Quando um palestrante inicia de repente uma conversa em particular com um estudante no meio de uma palestra (eu faço isso uma vez por ano, para demonstrar o argumento), logo todos se tornam conscientes das normas subjacentes à palestra como gênero. Trata-se de uma atividade enquadrada, que determina o que é ou não o comportamento apropriado. Porém, na maior parte do tempo, nós estamos inconscientes desse quadro que nos restringe.

A segunda fonte foi *O sentido de ordem*, do historiador da arte Gombrich.[9] À diferença de todos os seus outros livros, este não centra a atenção sobre a obra de arte, mas sobre a moldura na qual a obra está encaixada. Gombrich argumentou que, quando uma moldura é adequada, simplesmente não a vemos, pois ela nos transmite, sem emendas, o modo como devemos ver aquilo que ela enquadra. Quando é inadequada (imagine um Ticiano emoldurado em acrílico, um Hirst numa douradura barroca), tomamos subitamente consciência de que há uma moldura. Uma versão mais radical da tese de Gombrich poderia argumentar que a própria arte só existe por causa das molduras, assim como as galerias de arte ou a própria categoria *arte*; isso afirmaria que nós expressamos um respeito particular, ou pagamos uma soma particular, por aquilo que é contido pelas molduras. Então, talvez seja a moldura, e não qualquer qualidade independentemente manifesta pela obra de arte, que evoca a resposta especial que damos a ela como arte. Em relação a certa parte da arte contemporânea, essa conclusão me parece bastante óbvia.

As ideias de Goffman e Gombrich poderiam ser usadas para explicar minha experiência em trabalho de campo. Meu problema era saber até que ponto os aldeões indianos com quem eu vivia pensavam que eu estava completamente doido por passar tanto tempo examinando a cerâmica. Decerto a cerâmica está por toda parte, porém, era mero cenário para a ação. Às vezes acontecia literalmente isso. O casamento aldeão tem como parte mais importante o momento em que a noiva e o noivo andam em torno de uma chama, num espaço quadrado constituído por quatro torres feitas de potes. Elas se tornaram tão icônicas que um cartão mostrando a torre de cerâmica funciona como convite de casamento. Nessa condição, elas exemplificam a teoria das molduras. Como os aldeões me diziam, os potes não eram o cerne, eles eram a moldura. Objetos materiais são um cenário. Eles nos conscientizam do que é apropriado e inapropriado. Nos dizem que isso é um casamento, aquilo é uma atividade impura. Mas funcionam de modo mais efetivo quando não olhamos para eles, quando apenas os aceitamos. Iniciar uma discussão sobre a moldura de um quadro, e não sobre o quadro, as convenções do teatro em vez da peça, os potes num casamento em vez do casamento, o papel de parede num quarto em vez da conversa aconchegante que podemos ter no quarto, tudo isso seria muito embaraçoso; algo que não se deve mencionar foi alçado a primeiro plano. De modo que, entre elas, as ideias de Goffman e Gombrich formaram um argumento para o que chamei de *a humildade das coisas*.[10] A conclusão surpreendente é que os objetos são importantes não porque sejam evidentes e fisicamente restrinjam ou habilitem, mas justo o contrário. Muitas vezes, é precisamente porque nós não *os* vemos. Quanto menos tivermos consciência deles, mais conseguem determinar nossas expectativas, estabelecendo o cenário e assegurando o comportamento apropriado, sem se submeter a questionamentos. Eles determinam o que ocorre à medida que estamos inconscientes da capacidade que têm de fazê-lo.

Assim, minha primeira teoria das coisas começa com a propriedade oposta ao que esperaríamos dos trecos. Não que as coisas sejam trecos tangíveis, em que podemos bater o dedão e tropeçar. Não que sejam fundações firmes e claras que se oponham à leveza ou à sutileza das imagens da mente ou das ideias abstratas. Elas funcionam porque são invisíveis e não mencionadas, condição que em geral alcançam por serem familiares e tidas como dadas. Tal perspectiva parece ser descrita da maneira apropriada como *cultura material*, pois implica que grande parte do que nos torna o que somos existe não por meio da nossa consciência ou do nosso corpo, mas como um ambiente exterior que nos habitua e incita.

Essa capacidade algo inesperada que os objetos têm de sair do foco, de jazer periféricos à nossa visão e ainda assim determinar nosso comportamento e nossa identidade teve outro resultado importante. Ajudou a explicar por que tantos antropólogos menosprezavam os estudos da cultura material, considerando-os de algum modo triviais ou incapazes de abarcar o que é importante. Os objetos obscurecem seu papel e parecem irrelevantes. Na época em que os estudos da cultura material tinham um status extremamente desprestigiado na disciplina, e que éramos considerados patéticos pela maioria dos antropólogos, parecia que os objetos haviam sido muito bem-sucedidos na tarefa de atingir aquela humildade, pelo menos no seio da antropologia. Há uma expressão admiravelmente feliz: "Tão óbvio que cega." Isso indica que, quando algo é evidente demais, pode chegar a um ponto no qual ficamos cegos para sua presença, não lembramos dele. Um dos problemas que tivemos para convencer as pessoas de que era importante estudar o caso do índigo foi que a ubiquidade do jeans fazia com que elas o considerassem algo desinteressante.

Se minha própria contribuição para o estudo da cultura material repousa sobre o precedente de um antropólogo em particular, este seria Pierre Bourdieu. Acredito que uma das primeiras publicações no âmbito da antropologia continua a ser *Esquisse d'une théorie de la pratique* (Esboço de uma teoria da prática). Para apreciar a contribuição de Bourdieu, temos de voltar um pouco ao trabalho de outro antropólogo consumado, Claude Lévi-Strauss, mais ou menos o inventor da tradição que se tornou conhecida como estruturalismo. Escrevo este texto duas semanas depois de celebrarem seu centésimo aniversário de nascimento e reconhecendo que nenhum outro antropólogo mudou de maneira tão radical o modo como o mundo entende a si mesmo.

A ideia central do estruturalismo era que não deveríamos encarar as entidades isoladamente: uma escrivaninha, uma mesa, uma mesa de jantar, uma mesa de cozinha. Em vez disso, deveríamos começar da relação existente entre as coisas. O que estamos preparados para aceitar como mesa de jantar depende, em grande parte, do ponto em que, caso fosse um pouco menor, ela passa a parecer uma mesa de cozinha. Ambos os objetos, e as palavras que usamos para designá-los, obtêm sua definição por contraste com o que não são e pelo que são. Como tal, o estruturalismo punha o foco na relação entre as coisas, e não nas próprias coisas. Acabamos de ver isso com os potes indianos. Um pote sozinho é inexpressivo, não tem sentido. Como exemplo de cultura, eles são uma elaboração de formas com dimensões sistemáticas de diferença, de modo que só podemos entender cada um em relação a todo o sistema.

Louis Dumont tinha argumentado praticamente a mesma coisa para a sociedade indiana.[11] Não é possível compreender pessoas simplesmente por pertencerem a uma casta, isto é, a um grupo endogâmico, que se casa internamente, em geral associada a uma posição particular na sociedade indiana e com frequência a uma ocupação. Essa casta específica era parte de um sistema de castas, e por trás disso estavam os princípios ou relacionamentos que engendravam o sistema. No caso da casta, o princípio de hierarquia se combinava a uma estrutura, de modo que cada elemento só fizesse sentido na relação com o todo. Uma casta era definida em parte pelas outras castas, que lhe eram superiores ou inferiores. Para Lévi-Strauss, cosmologias e filosofias eram representações desses sistemas de distinções e dualismos que davam às pessoas a capacidade de ver o mundo como algo significativo.

Lévi-Strauss usou mitos tribais como exemplificação suprema de seu estruturalismo, mas algumas vezes também lançou mão de objetos. Num livro chamado *A via das máscaras*,[12] ele sugeriu que as máscaras de uma tribo da costa noroeste norte-americana talvez fossem a inversão da máscara de uma tribo vizinha. Onde a máscara da primeira tribo tem uma protuberância a de sua vizinha tem uma depressão, e assim por diante. Até então, nós pensávamos que estudávamos uma sociedade, mas, se há padrões que brincam, passando de uma sociedade para outra, até o termo sociedade já não era mais uma entidade a ser estudada de forma isolada. Em geral, contudo, para Lévi-Strauss, o estruturalismo era uma atividade intelectual. O que Bourdieu realiza é uma demonstração de como essas ideias podem ser usadas para criar uma teoria muito mais satisfatória sobre como as pessoas chegam a ser o que são e a ver o mundo da maneira particular como o fazem – isto é, uma teoria da socialização. Como um indivíduo cresce como um típico parisiense, tailandês ou ianomâmi? Na narrativa de Bourdieu, o agente-chave que nos torna característicos de nossa própria sociedade é o treco. A maioria de seus exemplos vem de uma comunidade berbere norte-africana chamada Cabila. Ele argumenta que aquilo que, nas sociedades industriais, tendemos a inculcar por meio da educação formal acontece com as crianças nascidas na sociedade cabila mediante processos de habituação com a ordem das coisas em torno delas. Nascido em Londres, aprendi a comer com garfo e faca, e não com pauzinhos chineses, a sentar-me em cadeiras, e não a me agachar, a limpar o nariz longe dos outros, e não em público, a fantasiar em tirar o sutiã de uma mulher, e não sua túnica, pois esses eram os trecos que constituíam meu ambiente.

Bourdieu, contudo, seguindo Lévi-Strauss, argumentou que essas coisas não deveriam ser vistas como entidades desconectadas. Em vez disso, entre os Cabila, a criança logo aprendia a aceitar como dada a natureza sistemática da ordem do interior da casa. Um lado era escuro porque o outro era claro; era alto porque outro era baixo; isso tinha de ser colocado no lado direito, aquilo no esquerdo. Além disso, a criança logo percebia que a mesma ordem subjacente das coisas, discernida no interior da casa, era subjacente à ordem dos implementos agrícolas, ou à ordem de parentesco e de expectativas de casamento. Alto em contraste com baixo, esquerda com direita, eram coisas que se podiam aplicar como análogas em diferentes domínios. Uma sociedade particular elabora suas práticas culturais mediante um padrão subjacente que é manifestado numa multiplicidade de formas diferentes. Ao aprender a interagir com uma profusão de culturas materiais, o indivíduo cresce aceitando as normas que nós chamamos cultura. A criança não aprende essas coisas como um conjunto passivo de categorias, mas por meio de rotinas cotidianas que levam a interações consistentes com as coisas, com isso propiciando a Bourdieu formular o que ele denominou teoria da prática.

Isso parece corresponder muito bem ao que eu chamei humildade das coisas. Objetos não gritam para você como os professores, nem jogam um pedaço de giz em você, como o meu jogou, mas eles lhe ajudam docilmente a aprender como agir da forma apropriada. Essa teoria também dá contorno e forma à ideia de que os objetos fazem as pessoas. Antes de realizarmos coisas, nós mesmos crescemos e amadurecemos à luz de coisas que nos foram transmitidas pelas gerações anteriores. Percorremos terraços de arroz ou sistemas rodoviários, a moradia e os jardins ancestrais. Eles dirigem inconscientemente nossos passos, assim como o ambiente cultural ao qual nos adaptamos. Bourdieu chamou a ordem subjacente inconsciente de nosso *habitus*. Há a natureza, mas a cultura nos dá a segunda natureza, aquela que geralmente pomos em operação sem pensar. Coisas, veja bem, não coisas individuais, mas todo o sistema de coisas, com sua ordem interna, fazem de nós as pessoas que somos. Elas são exemplares em sua humildade, sem nunca chamar atenção para o quanto devemos a elas. Apenas seguem adiante em sua empreitada. Porém, a lição da cultura material é que, quanto mais deixamos de notá-la, mais poderosa e determinante ela se mostra. Isso propicia uma teoria da cultura material que dá aos trecos muito mais significado do que se podia esperar. Acima de tudo, a cultura vem dos trecos. Muitas vezes, quando estamos numa jornada, ao escalar o topo da montanha, revela-se adiante um pico mais elevado. Continuemos a escalada.

Objetificação

Mesmo quando não mostram a menor intenção de ser filósofo, muitos pesquisadores ainda têm curiosidade intelectual para compreender o que tudo isso significa em termos mais abstratos. Filosofar como processo pode ser visto como uma série de passos ascendentes em abstração. Nós começamos com a necessidade de uma teoria dos trecos como cultura material. Parece então razoável ver a cultura material como um subconjunto da cultura, como ficou indicado antes. Mas, então, de que a cultura é um subconjunto? Qual a relação última entre as ordens do mundo exterior e a constituição das pessoas. É possível alcançar um nível de entendimento que dissipe a distinção? Nesse plano, queremos uma teoria filosófica que explique cada tipo de treco: corpos, *streaming* vídeos, sonhos, cidades, sensações, derivativos, ideologias, paisagens, deteriorações, filosofias. Uma teoria de tudo. Se Bourdieu foi minha inspiração na antropologia, ao me voltar para a filosofia, tenho uma dívida igualmente clara com Hegel. Mas se Bourdieu é uma leitura difícil, Hegel é doloroso. Ao lidar com ele, eu me tornarei ainda mais vulgar e pecaminoso do ponto de vista acadêmico.

O sistema de pensamento que Hegel desenvolveu foi mais plenamente elaborado num livro publicado em 1807. Ele é traduzido como *Fenomenologia do espírito* ou *Fenomenologia da mente.*[13] A inconsistência da tradução é instrutiva, pois aquilo de que trata o livro muda durante o curso do volume, algumas vezes parece mente, outras, espírito. A *Fenomenologia*, em certo nível, é uma história baseada em *Bildung*, as histórias sobre o progresso de um herói, então populares na Alemanha. Agora, as próximas frases vão soar esquisitas, mas, como se diz, tenham paciência. Como as boas histórias, o livro começa bem no comecinho. Imaginemos algo que possa representar uma condição primitiva sem consciência. Uma ameba, talvez. Mas essa ameba tem uma coisa que despende todos os seus recursos para alcançar um fim. Um impulso para ter consciência de algo que não seja ela própria. Portanto, ela postula a ideia de que algo existe do lado de fora, no mundo em que ela se move. Ao fazê-lo, ao mesmo tempo a ameba alcança uma espécie de autoconsciência. Quanto mais consciência ela tem de que há um outro fora dela, mais se torna consciente do que existe dentro de si. Isso faz da nossa ameba uma coleguinha muito infeliz, preocupada com esse mundo dividido que ela começa a compreender. Felizmente, um estágio posterior vem em resgate, no qual ela começa a avaliar que o sentido de externalidade só adveio como produto do desenvolvimento de sua própria consciência. Isso não parece tão ruim, e ela então fica uma pontinha mais reconciliada com essa relação. Uma vez reconciliada, ela alcançou um nível incrível de sofisticação (pelo menos para uma ameba), que lhe permite ascender mais um pouco até uma forma mais elevada. Ela está então preparada para ir até o próximo estágio, postulando um sentido mais complexo do que existe lá fora, e assim percorre várias vezes uma sequência similar, crescendo em sofisticação a cada estágio.

Agora, que diacho o autor está tentando dizer – que história é essa da ameba? Certo, antes que você aperte algum botão, e, por assim dizer, desligue este livro, permita-me dar uns exemplos que começam a mostrar como e onde a coisa pode fazer sentido. Considere, por exemplo, a relação entre sociedade e lei. Como membro de nossa sociedade, uma pessoa pode experimentar *A Lei* como algo inteiramente externo: uma força oposta, alienígena em relação à pessoa, que apenas a torna infeliz e a impede de se divertir. Muitos adolescentes se sentem assim quanto *à lei*. Com o passar do tempo, porém, a pessoa pode começar a perceber que o direito não surgiu do nada. Foi nossa própria sociedade que gradualmente acumulou uma série de procedimentos cujo propósito era tornar a vida social mais suportável. Por exemplo, você pode se divertir sem que alguém quebre uma garrafa na sua cabeça impunemente. Se o direito é posto em prática de uma maneira que concorda com os ideais originais por trás dele, então, após um tempo, poderemos nos identificar como cidadãos que estão preparados para se associar a esse processo e até ajudar a desenvolvê-lo ainda mais. Alguns podem até contemplar a ideia de se tornar magistrados. Em termos abstratos, eis algo que criamos, mas que inicialmente nos pareceu uma coisa alienígena, externa. Com o tempo, uma vez que compreendemos que a lei existe porque nós a criamos, nós nos reconciliamos com isso. Começamos a nos ver nela. Nossas leis são melhores que as leis deles. Podemos até passar a ver o direito como expressão de alguma força da razão. À medida que alcançamos cada nível aumentando a consciência sobre o que é o direito, amadurecemos com essa compreensão cada vez mais sofisticada de quem e do que somos. Idealmente, seguiremos adiante para criar novas leis.

Por outro lado, é claro que em parte o direito funciona porque tem alguma autonomia em relação a nós, cidadãos. Ao mesmo tempo que isso deveria ser positivo e é necessário, também cria uma capacidade de egoísmo que já não nos serve, e na verdade nos oprime. Em virtude desse grau necessário de autonomia, o direito pode se tornar apenas um meio para os advogados ganharem dinheiro (para tamanhas ameaças de processo que as escolas já não fornecem medicamentos a crianças doentes), ou uma desculpa para aqueles programas chatos de televisão em que os processos são verdadeiras provações. Em sua *Fenomenologia*, e tal como foi reelaborado em *A filosofia do direito*, Hegel argumenta que as instituições, como o direito, correspondem à manifestação e ao desenvolvimento da própria razão enquanto permanecerem fiéis a seu propósito original. Assim, educação *real* é aquela que satisfaz a razão por trás da ideia e do ideal de educação, que é aumentar a capacidade dos que são educados. Claro, esse talvez não seja o caso do ensino em determinada escola. Em qualquer tempo específico, embora possamos dar alguma contribuição menor para o desenvolvimento da educação ou do direito, é mais exato dizer que a educação e o direito nos fazem do que dizer que nós fazemos eles. Ser criado no seio dessas instituições num certo período, treinado de um modo particular, governado de um modo particular, ajuda a nos tornar, digamos, típicos personagens medievais ou do século XIX, ou letões contemporâneos em comparação aos colombianos. Em grande medida, somos um produto da história.

Para Hegel, a história consiste numa sequência de processos desse tipo, que podemos chamar dialéticos. A sociedade elabora gradualmente um costume ou instituição. Antes de chegarmos ao direito tal como o conhecemos, encontramos uma série de versões anteriores: um acordo entre grupos estabelecendo que, nos locais de escambo, os que tomavam parte da troca não deveriam ser submetidos a violências. Depois surge a autoridade baseada em religião ou parentesco, antes do desenvolvimento de um corpo autônomo de leis. O mesmo ocorre para educação, estética, comércio, ciência ou religião. Mas também para indumentária, moradia, carros e outros trecos. Tudo bem, não precisamos refazer todo o caminho e voltar até a ameba. Podemos nos permitir começar com as tentativas da humanidade de desenvolver formas pelas quais ela passa a entender a si própria e a desenvolver um mundo em conformidade com sua percepção da razão. Entretanto, cada um desses desenvolvimentos muda nossa consciência e nos permite conceber desenvolvimentos adicionais. Torna-se claro que não é realmente muito útil dizer apenas e tão somente que a pessoa faz a lei, ou que a lei faz a pessoa. Ou sugerir que pessoas façam a paisagem, ou que crescer nessas paisagens faça pessoas. Ao fim e ao cabo, o que temos é o processo dinâmico ele mesmo, que produz simultaneamente aquilo que passamos a mencionar coloquialmente como objetos e sujeitos – camponeses medievais e paisagens medievais, ambos os quais são realmente produtos do mesmo processo, que poderíamos chamar tempos medievais.

Para Hegel, porém, existe mais um processo desse tipo que ocupa um nível muito mais elevado e nos permite compreender todos os demais. Trata-se da filosofia. Para Hegel, a filosofia é o meio pelo qual adquirimos nossa consciência mais avançada, aquela que pode abranger o processo que acabo de descrever. Portanto, a culminação da história da filosofia, claro, são os próprios escritos de Hegel, os quais finalmente tornam conscientes a totalidade dessa história da razão e suas manifestações cada vez mais complexas. Hegel via a si próprio como o ponto extremo final da filosofia. Essa é uma afirmação bem extravagante. Mas tenho de admitir, acho que nisso ele tinha razão. A implicação é que a maior parte da filosofia efetiva, desde a época de Hegel, é em grande medida uma reescritura de seus argumentos. Mais uma vez, a partir de meu limitado conhecimento da filosofia moderna, sinto-me tentado a concordar. Mas absolutamente não me importo se estiver errado, porque o interesse aqui, em última análise, não é Hegel, mas os trecos. O filósofo só está aqui como um meio, não como um fim. Por isso, a questão não é realmente permanecer fiel a Hegel. Felizmente podemos nos apropriar daquelas ideias que condizem com nosso propósito, enquanto nos livramos de outras, sem pedir desculpas ao finado.

Poucas pessoas hoje, mesmo na academia, afora os filósofos, leem Hegel ou têm conhecimento de suas ideias. Quarenta anos atrás, porém, muita gente seria capaz de soletrar uma versão particular dos argumentos que passaram a ser o credo seguido pela metade do mundo. Karl Marx afirmou que Hegel tinha descoberto algo muito profundo, mas cometera um erro fundamental ao pensar que a chave para o que a humanidade produzia, ou para o que produzia a humanidade, era intelectual e seria resolvida pela filosofia. Marx sugeriu que Hegel tinha percebido corretamente o processo, mas que deveria ter olhado para baixo, não para cima, e aplicado suas ideias ao desenvolvimento do mundo material. Foi isso que fez de Marx um materialista. O caminho que ele desenvolveu a partir de suas raízes hegelianas mais ortodoxas pode ser seguido num corpo de escritos chamados "Manuscritos de 1844", "Manuscritos de Paris" ou "Manuscritos econômicos e filosóficos". Foram produzidos quando Marx estava na casa dos vinte anos (o que é impressionante), mas publicados somente em 1932.[14]

Para Marx, a humanidade começa com a própria natureza. Ela é a matéria-prima a partir da qual fazemos nossas vidas.

Nossa evolução social não consiste em avanços da consciência *per se*, mas na nossa capacidade crescente de criar um mundo de artefatos a partir da natureza, primeiro pedra e cerâmica, depois sistemas agrícolas, vida urbana e, finalmente, a Revolução Industrial, que representou uma vasta aceleração em nossa capacidade de criar trecos. Porém, assim como em Hegel, cada estágio cria uma coisa nova fora de nós mesmos, e progredimos à medida que somos capazes de nos ver nessa extensão de nós mesmos, que é, afinal, nosso próprio produto. Fazemos coisas porque elas nos ampliam potencialmente como pessoas. Mas não postulamos que sejam externas: por um ato de consciência, nós as fazemos com trabalho. Esse novo mundo material que moldamos a partir da natureza nos permite viajar, melhorar nossa dieta, nos divertir, viver mais tempo. Além disso, ao nos vermos nesse mundo que criamos, ganhamos em complexidade, sofisticação e conhecimento. A ameba (ou esporo) hoje pode participar de jogos de computador em que ela despacha outras criaturas ou se transforma em outras civilizações que conquistam outros mundos. Com essas capacidades, alguns desenvolvem ainda mais nossas instituições, como educação, direito e filosofia. Se isso parece árduo, outros podem simplesmente continuar a jogar e dizer que o fazem em nosso interesse. É o trabalho humano que transforma a natureza em objetos, criando esse espelho no qual podemos compreender quem somos. Assim, o trabalho produz cultura em forma de treco.

Marx formula isso da seguinte maneira: "O objeto do trabalho é a objetificação da espécie-vida do homem: pois o homem se reproduz não só intelectualmente, em sua consciência, mas ativa e realmente, e pode, portanto, contemplar-se num mundo que ele criou."[15] Ao ler Marx, quase torneamos a necessidade de criar uma teoria da cultura a partir de Hegel e fomos direto para uma teoria da cultura material. Entretanto, há problemas com o modo pelo qual isso foi alcançado. Hegel via o processo que descreveu, em que a consciência cria postulando algo fora dela, como uma forma de autoalienação. Ora, eu seria o primeiro a admitir que o termo *autoalienação* soa mais como o dia seguinte de uma terrível noite de sábado na balada. Na verdade, porém, para Hegel, tratava-se de um processo quase inteiramente positivo e decerto necessário para o nosso desenvolvimento.

Irei me referir a esse processo envolvendo autoalienação ao usar a palavra *objetificação* neste livro. Ela é o modo como incrementamos nossa capacidade como seres humanos. Ao criarmos a indústria do cinema ou automobilística, incentivamos nosso crescimento. Toda vez que fazemos isso, pelo mesmo processo criamos uma contradição, uma possibilidade de nos oprimir se a coisa que criamos desenvolver seus próprios interesses autônomos. Ao produzirmos um carro também criamos poluição, acidentes de automóvel e paisagens devastadas pelas rodovias. Ao criarmos a indústria cinematográfica, produzimos *Rocky 18*, *Esqueceram de mim 7* e *Emmanuelle conhece Godzilla* (na verdade, este último bem que valeria a pena). Com frequência filmes e carros são um tremendo benefício, embora haja uma tensão entre algo que podemos ver como inequivocamente bom – digamos, a capacidade de ajudar pessoas incapacitadas a dar um passeio – e coisas que podemos encarar como não tão boas – como o estímulo a fazer jornadas poluentes a fim de gerar lucros para a indústria automobilística. Assim, no interior do processo de objetificação, a autoalienação é essencial, mas pode se tornar apenas alienante.

Também é evidente que, como com as roupas do capítulo anterior, os carros, uma vez feitos, tornam-se parte do que somos. A humanidade que existia antes das rodovias e dos engarrafamentos de tráfego não é a mesma de depois. Carros têm efeitos em cadeia sobre outras formas culturais. Sabendo que minha família não me deixa ouvir Nirvana nem Hendrix em casa no volume que considero apropriado, posso meter o som na caixa a todo volume quando estou na estrada. Isso é um fragmento do que me faz ser o que sou, assim como outras implicações menos pessoais (embora muito poderosas) dos carros, como a indústria do petróleo e até a guerra.

A intenção aqui é substituir a teoria dos trecos como representação por trecos como parte do processo de objetificação ou autoalienação. Trata-se da teoria que dará forma à ideia de que os objetos nos fazem como parte do processo pelo qual os fazemos. Da teoria de que, em última análise, não há separação entre sujeitos e objetos. Em vez disso, em reconhecimento a esses pensadores, podemos chamá-la de teoria da cultura material. Fazer, crescer com e aceitar sem questionar uma túnica tecida ou arroz a preço de custo nos tornam parte de uma sociedade que se compreende como usuária de túnicas tecidas ou de arroz a preço de custo. Fazer carros produz uma nova versão de nós. Porém, para esclarecer a questão, precisamos retroceder um pouco, até a direção em que essas ideias foram tomadas por Marx.

Marx começa com uma visão. A natureza em si não pertence a ninguém. Assim, as coisas que criamos a partir dela deveriam beneficiar os que são responsáveis por essa criação. Sim, começamos com a objetificação como um processo pelo qual nos criamos. Porém, como argumentou Hegel, uma vez que uma coisa seja externalizada, ela também pode se tornar opressiva, e podemos perder a consciência de que um dia ela foi criação nossa. Marx argumentou que isso acontece no capitalismo, que engana os trabalhadores fazendo-os pensar que o que faz o mundo material não é o trabalho deles, mas os recursos do capital. Até pior, a posse da própria natureza pelos trabalhadores lhes é retirada como propriedade privada. Em consequência, Marx deixa de escrever mais longamente sobre a segunda parte do processo hegeliano, no qual recuperamos essa compreensão. O processo é desviado para um Estado utópico chamado comunismo. Alternativamente, Marx e os marxistas subsequentes se concentram no momento em que a consciência nos é retirada. Os objetos são reduzidos às mercadorias fornecidas pelo capitalismo. Os marxistas usam sobretudo termos como fetichismo, reificação e alienação. A essa altura, a palavra objetificação se tornou mais literal – sujeitos tornados em objetos. Isso implica que coisas já não são mais fluidas, mas se robustecem contra nós para se tornar instrumentos da nossa opressão. Hegel, em contraste, julgava que precisamos aceitar as contradições integrais do processo. A propriedade privada, situação em que as pessoas possuem e têm direitos sobre o lugar em que vivem, ajuda-as a se identificar com aquele lugar. Isso é inteiramente diferente da propriedade privada em que alguém possui a propriedade na qual outra pessoa vive. De forma clara, os trecos podem se virar contra nós e se tornar opressivos, mas é preferível ver isso como contradição, e não como a única maneira de caracterizar nossa relação com as coisas. A teoria da objetificação usada neste livro é hegeliana, não marxista. De modo que ainda precisamos de um caminho alternativo para os trecos.

Felizmente, Marx não foi o único teórico a tentar basear Hegel no nosso mundo material; simplesmente foi o mais conhecido. Outra trajetória, um tanto diferente, é apresentada por Georg Simmel, um dos ancestrais fundadores da sociologia moderna. Mais uma vez, essa discussão é restrita a poucos elementos de sua vasta produção, *A filosofia do dinheiro* e alguns ensaios que ele escreveu sobre o conceito de cultura.[16] Enquanto Marx parecia se mover precipitadamente para baixo, da filosofia direto para o mundo da cultura material, Simmel nos permite parar e repousar por um momento no âmbito de uma teoria da cultura. Trata-se de cultura em seu sentido mais particular, como obras de arte, ou em seu sentido mais geral, que poderia incluir educação e direito.

Para Simmel, em comparação a Marx, a própria cultura é inerentemente trágica, isto é, contraditória, pois, como argumentou Hegel, tem sempre propensão à autonomia, e não somente de instituições como educação e direito, mas também dos próprios trecos. Simmel foi um dos pouquíssimos teóricos sociais que pensou em profundidade sobre o abrupto aumento quantitativo dos trecos no século XIX, no qual ele viveu. Ele foi capaz de perceber que essa quantidade, o aumento do total de trecos que possuímos, apresentava em si mesma uma contradição. Nós vimos que a objetificação pode ser boa. Ter mais coisas nos proporciona recursos que aumentam nossa capacidade, experiência e compreensão. Mas isso não acontece necessariamente.

Considere um indivíduo vivendo na periferia da cultura de mercadorias, digamos, um aborígine australiano, agora instalado num subúrbio de Sidney. A cultura material dele tinha relativamente poucas coisas materiais, mas era imensamente rica na elaboração de cosmologia e parentesco. Como estudante de antropologia, logo fiquei enrolado, tentando destrinchar a complexidade dos sistemas de parentesco aborígines. De maneira apropriada, nós os consideramos culturalmente ricos. Entretanto, à medida que se desgarram em direção aos limites da vida urbana, os indivíduos perdem grande parte dessa riqueza cultural. Estando à margem, têm poucas oportunidades de possuir, ou mesmo de entender, a vasta cultura material representada pela cidade. Às vezes acabam reduzidos ao alcoolismo.

O modo como Simmel formulou é o seguinte: o subjetivo só ganha quando consegue assimilar a cultura objetiva em expansão. O que não podemos assimilar nos oprime. Potencialmente, isso também vale para alguém nascido na cidade. Simmel escreveu vários ensaios conhecidíssimos sobre as contradições da metrópole. Um lugar com muito mais gente, onde as pessoas se sentem muito mais solitárias. Um lugar em que, se tentamos nos relacionar com coisas demais, sem termos nenhum relacionamento substancial com nenhuma delas, podemos nos tornar indiferentes ao mundo e a nós mesmos. É fácil tornar-se *blasé* na cidade. Assim, seríamos reduzidos, e não expandidos, pela quantidade absoluta de coisas.

Porém, não pretendamos que a quantidade de coisas seja intrinsecamente opressiva. Menciono apenas que elas têm a capacidade para tanto. Em geral, povos de muitas sociedades, que têm a sua própria integridade, enxergam as atrações e os potenciais dessa paisagem urbana extensa, e muitos prosperam nela e com ela. Eles se ressentem amargamente quando alguém lhes diz que estavam melhores sem aquilo, que têm certa responsabilidade de permanecer camponeses ou povos tribais, para que o pessoal da cidade os olhe de queixo caído durante as férias, e os antropólogos reivindiquem pesquisar algo exótico. Eles têm outro nome para esse estado anterior. Chamam-no pobreza. Um monte de gente à minha volta lamenta alguma perda existencial em consequência de ter coisas em excesso. Mas eu posso contar os céticos genuínos que conheço nos dedos de uma das mãos. Na verdade, não conheço absolutamente nenhum. O argumento sugerido por Simmel, portanto, não é vermos o crescimento dos trecos como algo intrinsecamente bom ou ruim, mas intrinsecamente contraditório.

Para Simmel, o exemplo mais significativo dessa contradição deve ser encontrado no próprio dinheiro. Simmel foi um dos mais eloquentes teóricos das qualidades positivas do dinheiro. Este é a base da liberdade moderna. Sem a capacidade de sermos pagos sob a forma de salário, teríamos de nos contentar em ser aprendizes de outrem. Estudantes talvez tivessem que trabalhar para seus professores, em vez de pagar a universidade. Sem o dinheiro, não teríamos a redistribuição produzida pelos impostos, nem a percepção abstrata das pessoas como iguais e quantitativas, despidas das qualidades específicas que as tornam desiguais. É essa abstração que nos permite até conceber a igualdade, seja no sufrágio, no feminismo como igualdade de gênero, ou a usar a burocracia para tratar todos do mesmo modo. Com que frequência admitimos que todas essas qualidades positivas dependem do dinheiro?

Ao mesmo tempo, Simmel pode soar muito mais parecido com Marx quando se trata da capacidade do dinheiro de também criar desigualdade como posse diferencial: criar uma abstração como capital cada vez mais divorciado da especificidade das coisas com as quais podemos nos relacionar.

Todos estamos familiarizados com uma centena de outras coisas cuja culpa botamos no dinheiro. Este texto está sendo escrito durante uma crise do crédito, baseada nos problemas de um processo chamado securitização, que simplesmente tornou o capital abstrato demais. Porém, à diferença de Marx, Simmel não separa isso num período estanque de abstração do dinheiro capitalista, oposto a uma espécie de comunismo pós-mercadoria idealizado. Simmel é claro sobre essas contradições, elas são intrínsecas à cultura. Nós simplesmente não podemos ter os benefícios de um lado sem o risco do outro. Tudo que produzimos tende a ter um interesse autônomo e o potencial de nos oprimir, em vez de nos servir. Se cultura, para Simmel, é o processo hegeliano que potencialmente nos cultiva ou oprime, então ela é um subconjunto da filosofia dialética, e a cultura material é um subconjunto da cultura. Trecos possuem, aderida a eles, a trágica contradição da própria cultura. Mercadorias não são inerentemente boas ou más, mas você não poder ter os benefícios sem envolver o risco de que venham a oprimi-lo. A boa notícia é que a consciência disso nos dá a oportunidade de lidar com a contradição: comer, praticar esportes, criar corporações internacionais com algum potencial para a moderação.

Uma das (muitas) questões suscitadas por esses textos, mas especialmente por essa concepção de Simmel, é se tais ideias só se aplicam aos trecos modernos, como mercadorias: o dilúvio que se seguiu às revoluções industrial e do consumidor. É o que a maioria das pessoas supõe. Hegel decerto tinha uma forte trajetória modernizante em sua história. Para um antropólogo, porém, isso seria uma severa limitação para qualquer teoria da cultura material – e este seria um livro muito diferente sobre trecos. Lembre-se daquele aborígine australiano em situação difícil nos subúrbios de Sidney. É fácil supor que ele possuía, na cultura aborígine antecedente, algum tipo de cosmologia pura e imaculada, absolutamente sem contradições. Esse era tradicionalmente o espírito com que grande parte da antropologia foi ensinada. Como tal, a antropologia exibia uma espécie de primitivismo, mas um primitivismo sutil. Ela não denegria outras sociedades, mas as reduzia a um estado de nobre selvageria, cujo principal propósito tornara-se uma vara com a qual bater em nós mesmos. Fazer-nos pensar em nós mesmos como um povo que tinha perdido toda cultura, nos transformando em meras vítimas lamurientas de vastas forças capitalistas e modernistas, um dualismo em certo grau reforçado pelos retratos em preto e branco do capitalismo e do comunismo.

Porém, em minha compreensão de Hegel e de Simmel, trecos são intrinsecamente contraditórios. Não só os nossos trecos, mas todos os trecos. Assim, numa breve excursão, deixemos de lado carros e filmes; vejamos o que a ideia de objetificação tem a dizer sobre o aborígine australiano que não foi reassentado em Sidney com a ajuda do trabalho de uma antropóloga de Chicago, Nancy Munn.[17] As primeiras pesquisas de Nancy Munn levaram-na aos Walbiri, grupo de aborígines australianos que possuía relativamente pouco em termos de cultura material, pelo menos se pensarmos em trecos como coisas que eles carregam consigo para caçar ou se abrigar. Porém, como muitos estudos mostraram, os poucos objetos móveis que usavam para caçar e se abrigar eram complementados por uma intensa relação com as paisagens que habitavam: formações rochosas, riachos e lugares onde wallabies, pequenos cangurus, eram encontrados em abundância.

Se a maioria das pessoas sabe alguma coisa sobre essas tribos australianas, então provavelmente já ouviu falar do tempo do sonho, a era dos ancestrais que ficam afastados das pessoas, mas cujas ações integram a vida dos vivos; os ancestrais lembrados em mitos. Estilisticamente, os mitos dos Walbiri e os escritos de Hegel não parecem ter nada em comum. Mas podemos ver esses mitos como análogos à filosofia da objetificação de Hegel, embora mais apropriados à cosmologia dos Walbiri.

Munn estudou os mitos que descrevem como os seres ancestrais criaram a paisagem. Eles contam que esse foi um processo de autoalienação e externalização. Há três gêneros principais de objetificação: metamorfose, pela qual um ou uma ancestral transforma todo o seu corpo num traço geográfico, como um pequeno morro; marcação, pela qual um ancestral, por exemplo, cava com o pênis uma depressão contendo água; externalização, na qual uma ancestral pega de dentro do corpo um objeto que agora é um traço natural da terra. Esses mitos cumprem para os Walbiri papel semelhante ao da história para Hegel. Eles reconhecem que há forças anteriores que criaram o mundo no qual passamos a ser socializados. Segundo determinada ordem, porém, podemos agir sobre essas forças. Os Walbiri mantêm contato com os ancestrais através do tempo do sonho e reinterpretam essa relação agora, em cerimônias e rituais. A mesma paisagem e a mesma ordem usadas para legitimar as relações de parentesco e a ordem social fornecem aos indivíduos uma percepção ou um sentido de quem eles são. Assim, tanto ancestrais quanto contemporâneos podem externalizar-se como cultura e se reconhecer naquilo que foi criado. Eles objetificam. Em seus mitos, também possuem uma "teoria" da cultura que explica todo o processo.

Muitos já ouviram falar do tempo do sonho aborígine. Mas, no desejo desesperado de vê-los como o oposto de nós, não percebemos que as sociedades aborígines têm uma conceitualização extremamente elaborada da lei.[18] Por exemplo, um grupo pode ter direito de representar somente a ação particular de um ancestral que criou algum traço da paisagem, ao passo que outro tem direito sobre o próprio traço. Seria possível criticar os sistemas legais aborígines a partir da perspectiva das críticas comuns à nossa própria lei. Uma feminista (ou um comunista) aborígine poderia descrevê-las como automistificações que iludem a tribo, impedindo-a de reconhecer a artificialidade das ordens culturais que legitimam a desigualdade de gênero ou de poder. A tribo não ficaria menos desigual caso não as repudiassem e adotassem os direitos humanos universais. Isso parece correto. Decerto há tanta reificação e fetichismo na cosmologia aborígine quanto na ideia de que todo lucro é justificado pelo risco assumido. Tais contradições são plenamente evidentes hoje. Em geral esses mesmos grupos tribais têm conceitos de propriedade e de direitos universais quando defendem reivindicações feitas ao Estado em relação a seu próprio território ou a direitos sobre suas obras de arte contra as falsificações. Disputas de terra tornaram-se objeto de preocupação maior. Ao mesmo tempo, esses povos podem procurar limitar a penetração de linguagens e leis universais que pudessem ser usadas para abolir a lei consuetudinária. Se as contradições internas de suas crenças não eram evidentes antes, agora certamente o são, em centenas de casos judiciais.

Se os Walbiri exemplificam a objetificação no interior de um grupo, a próxima região estudada por Nancy Munn ilustra o processo pelo qual a sociedade cria a si própria pela objetificação no interior de uma esfera cultural mais ampla. Trata-se do anel de kula, a famosa descrição de Malinowski, em seu livro de 1922, *Os argonautas do Pacífico Ocidental*,[19] dos grupos de ilhas Trobriand. O que fascinou Malinowski, e continua a nos arrebatar, foi descobrir que toda uma série de grupos de ilhas, ao largo da costa da Nova Guiné, tinha formado uma espécie de circuito. Isso não dependia do conhecimento do circuito como um todo, mas da relação mais imediata entre os grupos vizinhos que o constituíam. Em torno do anel circulavam objetos de valor, em especial braceletes de conchas, viajando numa direção, e colares, na outra. Nancy Munn fez sua pesquisa numa ilha chamada Gawa, onde as pessoas contribuíam com canoas usadas nas permutas interinsulares. Ela investiga as várias relações familiares que funcionam por meio da permuta de trabalho e alimento, facilitando a construção de canoas. Como depois as canoas são lançadas no kula, este pode ser visto como a alienação das relações familiares e do trabalho investidos na produção das embarcações. Porém, em troca das canoas, as pessoas recebem objetos de valor produzidos em processos semelhantes, embora em outro lugar. Os objetos de valor são intercambiados de cima para baixo, voltando aos mesmos conjuntos de relações que produziram as canoas.

A pergunta a se fazer é: por que se dar a esse trabalho? Por que não ficar sentado em casa assistindo à televisão, ou ao pôr do sol? Afinal, aquilo não acontece só para dar material de pesquisa aos antropólogos. Em *The Fame of Gawa*, Nancy Munn reflete sobre essa necessidade. Uma pessoa preguiçosa entre o povo gawa seria alguém que apenas quisesse plantar inhame e comê-lo, sem toda a azáfama do anel de kula. Os Gawa têm uma resposta bastante efetiva para isso. Acusam os preguiçosos de feitiçaria. Se você apenas cultiva alimentos e os come, nenhuma cultura é criada. Se, em contraste, você cultiva alimentos, troca-os em complexas redes que produzem canoas, troca as canoas por objetos de valor de outras ilhas, representando outras redes, então algo grande acontece. O que retorna é um valor, que Nancy Munn denomina fama. Cria-se um campo pelo qual pessoas e ilhas cultivam não só alimento; elas cultivam reputação, podem se tornar argonautas e viver aventuras, histórias são contadas, ouvem-se e veem-se coisas. A vida é mais rica. Feitiçaria é aquilo que encolhe e murcha, não apenas barrigas, mas também horizontes, ao passo que a permuta, como o kula, propicia às pessoas fama e fortuna. Com a troca elas aprendem a "ter uma vida". Vista dessa perspectiva, a objetificação, o processo de autoalienação, externalização e retorno, torna-se uma teoria da chamada cultura, tanto em Gawa quanto na Berlim de Simmel. Porém, há pressões que podem oprimir as pessoas, em particular as preguiçosas. Se não houvesse preguiçosos, provavelmente não haveria tantas sanções à feitiçaria. Conheci um monte de pessoas infelizes nas sociedades tribais e aldeãs, e a partir delas se pode dizer que sua cultura é opressiva. Algo que preferimos ignorar em versões simples de nós e deles.

O papel central nesse processo chamado cultura é um subconjunto que podemos adequadamente denominar cultura material. O kula, em certo nível, é apenas um circuito em torno do qual pessoas fazem circular objetos como braceletes de conchas e colares. Não são somente as pessoas que ficam famosas em suas aventuras no kula. Conchas individuais ganham reputação própria pelas viagens que fazem, e então as pessoas se empenham em garantir que esses famosos objetos passem por suas mãos, e não pelas de um rival. Uma das mais influentes teorias fundamentais da disciplina antropológica é uma versão simplificada dessa teoria. Marcel Mauss, parcialmente influenciado por Malinowski, escreveu um ensaio sobre o dom, ou a dádiva.[20] Ele sugeriu que a base da maioria das relações é o endividamento. Ao dar alguma coisa a outra pessoa, um colar ou uma irmã, como esposa, cria-se um vínculo entre a sociedade dos doadores e a dos recebedores. O vínculo consiste na obrigação de retornar o dom, de não ficar em dívida. Os Maiori têm sua própria conceituação da força que emana do objeto e cria a obrigação de retribuir a dívida. O conceito de *hau* talvez seja o mais debatido de todos os modelos antropológicos. Ele parece análogo à noção do inalienável, daquilo que realmente nunca é dado, porque exige algum tipo de retorno. Se você me der uma coisa e eu me sentir obrigado um dia a lhe dar algo de volta, então formamos uma relação. Ela pode ser de apoio ou competição, mas é uma relação. Novamente, nessa teoria do dom, nós não começamos a partir do que as sociedades fazem com as coisas, mas é a circulação de coisas que cria a sociedade. Ou melhor, o que chamamos sociedade e treco são na verdade separações artificiais oriundas do mesmo processo. E se o presente dado for uma pessoa? Ela é um objeto? Às vezes, não seria melhor dissolver a distinção?

Simmel se maravilhava com a incrível diversidade de experiências possíveis numa cidade contemporânea, porém maravilhava-se ainda mais com a capacidade de o indivíduo jovialmente ignorar ou ser oprimido por isso. A acusação de feitiçaria sugere que a mera existência do anel de kula não significa que um ilhéu individual não queira escapar dele. Nós não podemos pretender que toda esposa "trocada" numa permuta de presentes, a fim de facilitar a reprodução das obrigações dominantes de parentesco, se sinta satisfeita, e também não podemos supor que não se sinta contente. A objetificação é uma teoria dialética da cultura, não apenas da cultura capitalista, pois a contradição não é tão somente um traço do capitalismo moderno, nem um aspecto da vida nas cidades. Ela é intrínseca ao próprio processo que descrevemos como cultura.

Todavia, criar cultura é um processo bastante extraordinário, e ele deixa os antropólogos felizes. Os Walbiri deram um exemplo de objetificação no seio de um grupo, o kula, com a criação de uma espécie de supergrupo. A cultura é contraditória, e não completamente prescritiva. O kula existe, mas alguns Gawa tornaram-se argonautas famosos, enquanto outros sentam-se em casa, põem os pés para cima e correm o risco de serem vistos como feiticeiros. Para construir esses argumentos, ascendemos da noção de treco às de cultura e filosofia dialética: subimos até um ponto em que a distinção entre sujeitos e objetos desapareceu. Mas o ar é rarefeito lá em cima, o lugar é frio e solitário. A maior parte do tempo, preferiríamos falar do que chamamos senso comum e sermos o que filósofos (e outros) consideram extremamente vulgar. Na vida cotidiana, sentados num bar, talvez preferíssemos conversar sobre temas em que há entidades claras, não problemáticas, que denominamos pessoas e coisas, e nas quais pudéssemos reconhecer as diferenças e dizer que as pessoas atuam sobre (e são representadas ou simbolizadas por) coisas. A gente conversa de todas as maneiras que, segundo este capítulo, estão erradas, de uma ou de outra forma. Mas essa é uma discrepância a explorar, e não a ignorar. Uma razão para isso é que subir a montanha da filosofia é importante para uma revelação rápida de como as coisas "realmente" são. Mas não queremos viver lá em cima. Porém, antes de estarmos prontos para descer, temos um pico final a escalar.

Materialidade

Até aqui, mostramos que é possível ter uma teoria de coisas como molduras e, em segundo lugar, como progredir rumo a uma teoria dialética da objetificação que transcenda coisas e pessoas. Porém, para um tópico chamado treco, também temos de lidar com um terceiro aspecto, que vem a ser o significado e as implicações da própria materialidade.[21] O problema com a materialidade é que, por alguma razão, não parecemos estar muito interessados nela. Há um princípio básico encontrado na maioria das religiões que dominaram a história registrada. A sabedoria foi atribuída àqueles que afirmam que a materialidade representa o meramente aparente, sob o qual jaz o real. Talvez o desenvolvimento mais sistemático dessa crença tenha surgido na Ásia do Sul há mais de dois milênios. Para religiões como budismo e hinduísmo, a teologia centrava-se numa crítica da materialidade. O hinduísmo, mais simples, por exemplo, repousa sobre o conceito de *maya*, que proclama a natureza ilusória do mundo material. A meta da vida é transcender o aparentemente óbvio, a pedra que nós sentimos na sola do sapato, o corpo como núcleo da nossa existência sensorial. A verdade vem de nossa percepção de que isso é mera ilusão.

Não obstante, de maneira contraditória, a cultura material teve consequências consideráveis como meio de expressar essa convicção. Num templo hindu, as formas meramente vestigiais no centro do templo podem ser contrastadas com os portões maciços, na periferia. Em cores pastel desbotadas, o sári de uma mulher idosa contrasta com o sári brilhante e sensual da noiva. Isso expressa, de forma material, a meta de transcender nossa ligação com a vida material. Assim, para começar a examinar a questão aparentemente vasta do que é a materialidade, é melhor admitir que, seja o que ela for, é algo que, às vezes, profundamente, não queremos ser.

Contudo, a história da Ásia do Sul não é apenas a história de suas religiões. Há uma história paralela, que nos conta sobre a luta sem fim da cosmologia com a prática. É uma história de acumulação, impostos, guerras, saques, impérios e excessos. Ela culmina na integração da região na economia política global, na qual a política é cada vez mais subserviente a uma economia cuja premissa, no que diz respeito à materialidade, dificilmente poderia ser tão discrepante. No pensamento econômico, a acumulação de bens materiais é em si mesma a fonte de nossa capacidade expandida como humanidade. A pobreza é definida como o limite crítico à capacidade de nos realizarmos como pessoas, em razão da carência de bens. O foco sobre a materialidade, embora aqui sob a forma de acumulação, é portanto tão intenso na economia quanto no hinduísmo.

Para uma disciplina como a antropologia, que deseja saber o que é o ser humano, precisamos começar nossa discussão com um reconhecimento de que a definição de humanidade muitas vezes se tornou quase sinônimo da posição adotada sobre o problema da materialidade. Grande parte do que as pessoas consideram moralidade seguiu na esteira dessa questão. Assim, ou bem desejamos de modo desesperado escapar da materialidade, ou passamos a vida tentando acumular mais coisas materiais – ou então, de modo mais estranho, virtualmente todas as pessoas entre as quais eu vivo, em Londres, parecem querer fazer as duas coisas ao mesmo tempo.

Se as religiões do mundo e a economia global dependem de sua posição relativa à materialidade, então a análise desta última não é apenas uma indulgência dos estudos da cultura material como subseção da antropologia. Hinduísmo e economia não são só crenças a respeito do mundo, mas vastas forças institucionais que tentam assegurar que as pessoas vivam segundo suas doutrinas por intermédio de sacerdotes ou de programas de ajuste estrutural. Nesse quesito, o capitalismo e várias religiões das mais importantes são tentativas iguais e análogas de impor posições particulares sobre a materialidade. Numa escala um pouco menor, embora significativa, a materialidade é obviamente importante para o estudo da mídia, a definição de arte, a criação de novos instrumentos financeiros, as políticas ambientais e para o respeito que temos pelas pessoas.

Nunca chegaremos longe em nossa compreensão da materialidade se fizermos a bobagem de atacá-la frontalmente. Permitam-me lembrar as restrições iniciais quanto a definir treco. Uma coisa dura, como uma pedra, é mais material que algo frágil, como uma bolha? Uma ideia que perdura é mais material que outra, que não perdura? Isso é semântica pedante outra vez, não? Talvez em física seja possível definir materialidade, mas a definição seria de pouco valor para a ciência social. O que podemos tentar, em vez disso, é ver o que as pessoas querem dizer na prática com essa ideia; o que as religiões que querem escapar do mundo material fazem quanto a isso; como as pessoas empregam na prática as ideias de mais ou menos materialidade. O que se segue é o resumo de alguns ensaios de um livro organizado sobre o tema, em que cada qual fornece exemplos que podemos usar para pensar mais aprofundadamente sobre o que está em jogo.

Podemos começar voltando à contradição básica pela qual as religiões acham que a melhor maneira de expressar a imaterialidade é pela materialidade. É difícil não se deixar arrebatar pelos egípcios antigos, em grande parte porque materialidade é algo em que eles eram espetacularmente bons. O que nos arrebata é a trilogia múmias, pirâmides e monumentos. Para começar, Meskell nos diz o que eles pensavam estar fazendo ao criar essas coisas.[22] Os antigos egípcios acreditavam, por exemplo, que era possível ajudar a dar vida aos deuses criando a estátua apropriada. De modo similar, podia-se aumentar a vida do indivíduo realizando o processo correto de mumificação. Materialidade pura, expressa como uma das grandes pirâmides, dava à própria percepção ou ao sentido de "ser" um contorno e uma forma precisos. Assim, ficamos impressionados com o legado de seus trecos. Contudo, assim como o hinduísmo ou o cristianismo, essa cosmologia repousava na crença da superioridade inerente do mundo imaterial. Por isso, os egípcios antigos expressam nosso paradoxo com particular clareza. Em essência, foi sua fé no potencial da monumentalidade para expressar a imaterialidade que criou seu legado como presença material em nosso próprio mundo. Continuamos a nos ver arrebatados por estátuas, múmias e pirâmides exatamente pela fé exuberante que os egípcios investiam no processo de materialização como meio de assegurar sua transubstanciação imortal.

Se os antigos egípcios expressam uma implicação lógica desse paradoxo, graças a Engelke podemos estudar outro,[23] desta vez seguindo a lógica de um grupo religioso contemporâneo, os cristãos apostólicos do Zimbábue. De certo modo, até demorou para acontecer. A própria fundação do protestantismo representou milhares de pessoas massacradas em discussões esotéricas sobre o que queríamos dizer por imaterialidade: vinho e pão eram realmente o sangue e o corpo do messias cristão ou só uma representação? As igrejas deviam estar repletas de ícones, como os templos da Contrarreforma, ou deles se despojar inteiramente. Desde a Reforma, grassaram movimentos no seio do protestantismo tendendo à iconoclastia e ao ascetismo como modo de enfatizar a importância do imaterial para a espiritualidade.

Os masowes apostólicos estudados por Engelke levaram a uma conclusão lógica em vários aspectos. Para eles, era óbvio que os cristãos anteriores tinham fracassado em sua busca de transcendência porque haviam sido traídos pela própria materialidade de coisas como bíblias e igrejas. O protestantismo fracassara em prosseguir em sua própria lógica de espiritualidade. Por isso, esses apostólicos se reuniam em campos, e não em templos, e memorizavam seus ensinamentos, em vez de pregar com uma bíblia. Eles tentaram repudiar de modo sistemático todo objeto material que intermediasse sua relação com o Cristo, para alcançar, em última análise, uma relação não mediada, de alma com espírito. Não obstante, nem eles podiam aderir plenamente a esse ideal. A paixão por repudiar as coisas *per se* levou-os a dar muita importância aos poucos objetos que conservavam. Engelke escreveu todo um ensaio sobre a ambiguidade que cercava o mel sagrado e a tentação constante de usar aquele lapso de imaterialismo, o fato de eles efetivamente verem algo especial no mel, como um condutor que traz o poder espiritual de volta para baixo, para nossa terra instrumental.

Assim, o outro lado da moeda da materialidade é a imaterialidade – literalmente, nos casos de cunhagem analisados por Maurer.[24] Na religião, o principal propósito do material é expressar o imaterial. Assim, para uma sociedade islâmica profundamente religiosa, o dinheiro é mais importante como meio de compreender e abranger a divindade do que como forma de facilitar as trocas seculares. Por isso, no antigo califado, uma consequência da substituição da cabeça do califa por inscrições corânicas nas moedas é uma subordinação do problema da representação na cunhagem às tecnologias capazes de transformar o divino em imagem. A maneira como a moeda corporifica os dois lados – para cima, o transcendente, para baixo, a funcionalidade do mercado – é utilizada para dar às próprias palavras (como na caligrafia) seu papel de objetificação. A moeda ajuda o crente a conceber essa relação com as faces de Jano. Maurer argumenta que o efeito da nova cunhagem reduz a questão de como a pessoa entende a divindade ao problema, um pouco mais seguro, de como a pessoa entende a cunhagem. Ao mesmo tempo, isso garante a autoridade da cunhagem. Essencialmente, ao fazer das moedas um modo de apreensão do divino, essa sociedade conseguiu "alavancar" sua cunhagem como valor, com o apoio da autoridade divina. Ao retirar a cara (a face) da moeda, ela na realidade sancionou seu semblante pela palavra. Mais uma vez, há implicações contemporâneas. O outro exemplo de Maurer é o crescimento dos bancos islâmicos, que têm o papel de assegurar que os negócios operem em obediência ao rigor religioso, e não em oposição a eles.

De modo que podemos começar por esse paradoxo: o imaterial só pode se expressar pelo material. Então descobrimos que a maioria das pessoas prefere uma gradação entre os dois, em lugar de um rígido dualismo. Algumas coisas e algumas pessoas devem ser vistas como mais materiais que outras. Isso é muito bem-estabelecido no hinduísmo tal como geralmente praticado. Na Índia, há uma hierarquia que começa a partir da massa de imagens pequenas e disparatadas de espíritos e divindades regionais. Estes foram incorporados ao panteão mais amplo de divindades hindus. As divindades menores são incorporadas na religião dominante porque são vistas como *avatares*, manifestações expressivas das divindades maiores, como Xiva e Vishnu. As divindades maiores, por sua vez, são concebidas por alguns como aspectos da suprema divindade única. Em níveis filosóficos superiores, a ideia de uma divindade é encarada, em si, como a interpretação vulgar de um sentido mais transcendente de esclarecimento, para aqueles cuja consciência pode alcançar tais alturas. Para eles, a própria noção de Deus é uma simplificação necessária de algo ainda menos material.

Assim, pode-se corretamente rotular o hinduísmo de politeísta, monoteísta e até ateísta, em parte porque cada divindade é vista como apropriada à capacidade de certos tipos de pessoa para apreender a "realidade" por trás da materialidade. Pessoas comuns são comuns porque demandam mais materialidade. Grandes sábios são grandes porque podem apreender mais imaterialidade. Assim, se as divindades formam uma hierarquia, as pessoas também. Os humildes e inferiores são aqueles que necessitam de espíritos menores, com idiossincrasias e mitos mais humanos, a fim de ajudá-los a compreender os ideais religiosos. Em contraste, no ápice estão os sábios intelectuais, que podem contemplar a transcendência num idioma mais filosófico.

Assim, o que nos ajuda a entender a materialidade não é a demonstração de um físico, de que os monumentos são mais densamente materiais que esponjas do mar, em algum sentido absoluto. O que empregamos é nosso sentido de gradação entre mais ou menos material. Rowlands mostra, entre o povo das pradarias de Camarões, como algumas pessoas podem ser vistas como mais materiais que outras.[25] Metáforas apropriadas abundam – algumas pessoas e coisas são pesadas, outras são leves; algumas avultam-se, mesmo quando preferimos que não o façam; outras, contudo, por mais que tentem chamar nossa atenção, continuam na periferia de nosso campo visual. Para essas pessoas, em Camarões, o chefe tem uma densidade específica. Sua materialidade é adquirida a partir das substâncias, graças à presença delas e ao processo de sua circulação pelo corpo. Assim, por exemplo, a saliva do chefe é em si eficaz para mudar a ordem das coisas. Em contraste, os súditos se esforçam para ter presença como pessoas, mas simplesmente não possuem a realidade concedida ao corpo do chefe. Todos os outros corpos são meras sombras do corpo real. Rowlands observa que essas pessoas tiveram um encontro paralelo com o colonialismo. Entraram em contato com novos hábitos, como o preenchimento de formulários burocráticos, que tornaram algumas delas mais materiais que outras em relação a essa fonte alternativa de poder. Enquanto Meskell indica o abismo extraordinário entre o divino e o comum na morte e na vida após a morte, Rowlands atenta para a afirmação dessas distinções em vida. Ocasionalmente, alguém tenta manipular esse aspecto de si mesmo – pense como uma modelo que veste roupas tamanho 32 tem mais presença na passarela que outra que vista 38.

Muitos de nós vivem num mundo em que um número cada vez maior de pessoas está muito distante de qualquer cosmologia identificada com as religiões estabelecidas. Mas nosso universo secular hoje também é assombrado por espíritos fantasmagóricos que parecem realizar estranhas proezas mágicas que conjuram vastos poderes dos restos. Pessoas como os negociantes japoneses no mercado de derivativos, estudados por Miyazaki,[26] decerto são tão incompreensíveis para os não iniciados quanto qualquer debate sobre o Talmude ou os sutras. Processos-chave nas finanças contemporâneas não começam com uma ação, mas com uma reconceituação. O processo mais fundamental é chamado securitização, que transforma um fluxo futuro de lucros em algo que pode ser negociado. Chegada a hora, um derivativo pode se formar pela negociação do risco envolvido em especular sobre o que será o fluxo de lucros. Pode soar obscuro; porém, o mais inquietante é contemplar o que se produz com isso.

Num negócio conhecido como arbitragem, especialistas usarão modelos derivados da física teórica para observar minúsculas discrepâncias entre como o mercado deveria estar operando, segundo os modelos, e como ele de fato se comporta. Porém, negociar "como se eles existissem" é suficiente para fazer vigorar os valores. Com isso, 1 milhão de unidades pode ser negociado como se fosse 1 bilhão de unidades. Muito mais, na verdade. Os coelhos que saem dessas cartolas se reproduzem a taxas que surpreenderiam até os coelhos.

Os montantes especulativos de contratos derivativos no ano de 2000 já eram de mais de US$ 100 trilhões, número que a maioria já não consegue converter numa imagem significativa. Durante uma crise de contração do crédito, eles podem ser transformados mais magicamente ainda, voltando a ser um mero sopro de fumaça.

Ora, para nosso propósito aqui, você não precisa entender as finanças modernas. A questão é que a relação entre materialidade e imaterialidade não é mais direta nos domínios seculares que nos religiosos. Claramente, aquela vasta soma existe em algum sentido, mas qual? O negócio dos derivativos materializou algo que não existia, ou trata-se de um malabarismo de conceitos imateriais? Uma das coisas evidentes sobre os negociantes de arbitragem de risco japoneses estudados por Miyazaki é que eles não são pagos com uma parcela do dinheiro que ganham nesse comércio. Eles aceitam um salário-padrão, pois veem a si mesmos como praticantes de uma boa ação. Ao reconhecer essas discrepâncias no modo como o mercado opera, de certa forma estão punindo as imperfeições e, de forma humilde, ajudando a aperfeiçoar o próprio mercado, tornando-o tão puro quanto os modelos. Trata-se então do oposto secular da religião? Dificilmente. Na verdade, as religiões também foram muito boas para amealhar dinheiro de vez em quando.

Quanto mais a humanidade busca alcançar a conceitualização do imaterial, mais importante é a forma específica de sua materialização. É por essa mesma razão que a arte moderna é vendida por preços cada vez mais altos, quanto mais for bem-sucedida em sua afirmação da conceituação esotérica. Se uma obra de arte puder condensar plenamente um repúdio político radical do capitalismo e do materialismo, valerá uma pequena fortuna. Não tentamos atacar o senso comum só por atacar. Todos esses exemplos mostram que contradição, paradoxo e complexidade são partes integrantes do mundo comum em que vivemos, e essenciais para o entendermos.

Não queremos aqui exaurir o potencial das abordagens teóricas da materialidade e dos trecos. Oxalá as perspectivas teóricas expostas complementem muitos outros desenvolvimentos significativos do pensamento acerca da cultura material. Há diferenças. Bruno Latour,[27] por exemplo, parece convencido de que a teoria dialética apenas ressuscita a oposição entre sujeitos e objetos, ao passo que eu acredito que ela consegue transcendê-los. Alternativas influentes no seio da antropologia incluem o trabalho de Alfred Gell,[28] que, como Latour, encontrou uma via para transcender a oposição entre coisas e pessoas dizendo que os objetos têm "agência" – embora Gell use a palavra para criar uma abordagem da arte. Também exercem influência várias versões da fenomenologia esposadas, por exemplo, por antropólogos como Ingold e Tilley.[29] Ler essas abordagens adicionais propiciará uma compreensão muito mais ampla e perspicaz das maneiras possíveis de ir além do dualismo natural entre pessoas e coisas – e do que se conhece apenas com a leitura deste livro. Uma das tendências no trabalho de alguns desses antropólogos, e que me parece inteiramente apropriada, é olhar mais para substâncias, como pedra e madeira, do que pensar os trecos principalmente como artefatos ou coisas (como fazemos aqui).

O que todas as abordagens têm em comum é o desejo de dar mais atenção e respeito à materialidade e à cultura material. Contudo, todas elas trabalham em estreita relação com uma disciplina que na Europa é convencionalmente descrita como antropologia social, e não apenas como antropologia. Isso suscita uma questão final: a potencial oposição, não entre sujeitos e objetos, mas entre ciência social e cultura material. A possibilidade de uma ciência social moderna, tal como a antropologia, estava no mínimo garantida pelo secularismo radical que via a religião como emanação do coletivo social. Se há um ancestral fundador único para a ciência social no Ocidente este provavelmente é Durkheim, que mais claramente enunciou essa crença.[30] A premissa era um secularismo que via Deus e as regras religiosas como fabricações. As sociedades haviam produzido as crenças e inventado Deus porque necessitavam representar a si mesmas. A religião era uma representação social coletiva. Porém, no mesmo momento em que essa teoria dessacralizava a religião, ao vê-la como fabricação, na verdade sacralizava o social. As ciências sociais passaram a se dedicar ao estudo de todos os fenômenos que representassem o que hoje chamamos sociedade, relações sociais ou simplesmente sujeito.

A razão era bastante simples. Durkheim sentia que, enquanto acreditássemos na sociedade, poderíamos nos conduzir sem Deus. Meros indivíduos privados dessa identidade coletiva perderiam um sentido de propósito na vida, como está exposto em seu estudo sobre o suicídio. O problema, do ponto de vista de algo que poderia ter se chamado estudos da cultura material, não era apenas que pessoas e sociedades eram postas no pedestal semidivino, mas que isso era alcançado distanciando-as da vulgaridade material. Nessa tradição, o estudo da relação das pessoas com as coisas deveria sempre ser afinal reduzido, reconduzido, às relações sociais. Na realidade, o compatriota de Durkheim, Mauss, era altamente respeitador da potência das coisas em sua análise sobre o dom. Esse antimaterialismo vinha de muito antes de Durkheim. Trata-se da herança duradoura das raízes do ideal secular de sociedade na própria religião. Como vimos, a religião realizou seu ideal de transcendência por meio do repúdio do material. Esclarecimento é igual a separação do desejo. Ao olharmos para nós, hoje, vemos que herdamos em grande parte o mesmo sistema de crenças. A única coisa que jamais devemos ser é materialistas, pois se supõe que dar atenção ao material significa não dar atenção ao social, à pessoa.

Também é por isso que as abordagens da cultura material, de hábito, foram consideradas com certo desdém pela antropologia dominante. A razão disso nos leva de volta ao começo deste capítulo, quando meus informantes indianos me observavam prestar atenção imoderada a potes de cerâmica e tentavam me convencer de que eu não conseguia entender ou, na verdade, tinha pirado. Prestar atenção demais às coisas é visto como uma diminuição da capacidade de apreciar as pessoas. Porém, pessoas mais seculares acreditam que a desentronização de Deus, o avalista anterior da moralidade, liberou, em vez de suprimir, o desenvolvimento de uma sensibilidade ética moderna.

Depois de duzentos anos de secularismo, a pergunta é se ainda precisamos de um ideal tão pomposo de sociedade para ajudar a lidar com o trauma de ter substituído a divindade. Será que manter a aura do divino e atribuí-la à sociedade não terá sido mais um problema que um recurso? Pessoalmente, preferiria ter um Deus divino que prestar obediência à sociedade como uma espécie de "divino-lito". É bem possível que a desentronização da sociedade, da humanidade, das relações sociais ou do sujeito seja a premissa para o desenvolvimento posterior da ética moderna, não sua dissolução. Isso não deve ser confundido com qualquer oposição à sociedade como termo analítico, em oposição, por exemplo, a indivíduo. Há muito pouco aqui de apoio a uma conceituação dos indivíduos fora dos relacionamentos sociais e da sociedade. Mas podemos falar de sociedade, apreciá-la, aplaudi-la e trabalhar para ela sem reificá-la.

Assim, se a primeira revolução consistiu na entronização da sociedade de Durkheim no lugar da religião, agora procuramos ganhar maturidade enterrando o cadáver de nossa imperial majestade, a sociedade. Objetos já não precisam ser reduzidos a sujeitos. Mas não há absolutamente razão alguma para colocar a cultura material no pedestal que agora parece vazio. Faz-se melhor o trabalho acadêmico a partir de posição mais modesta, com os pés no chão. Podemos alcançar essa modéstia, em parte, pela aceitação de nossa própria materialidade, assim como daquela do mundo. Não a materialidade tornada exótica pelas realizações extraordinárias da ciência, nem tornada criminosa pelas imprecações dos ambientalistas, embora os trecos tenham seu progresso e seu custo. A ênfase deste capítulo está apenas em fazer dos trecos algo comum, como uma parte necessária de nossa existência no mundo.

3. Casas: teoria da acomodação

Moradia e poder

Um dos prazeres da teoria dialética, além de seu cultivo do extremismo, é que ela inclui restrições claras sobre o que se deve fazer com a teoria. Ninguém o impele mais longe que a ambição teórica de Hegel. Nele você encontrará ideias sobre a Razão Absoluta que podem explicar muito mais coisas que *O guia do mochileiro das galáxias* sobre a vida, o Universo e o que mais houver. Mas, para ser coerente, a teoria dialética implica que apenas a teoria, sozinha, como tudo mais que a humanidade produz, sempre irá se tornar destrutiva e seguir seus próprios interesses, oprimindo a humanidade, em vez de servir a ela. A menos que haja um contramovimento que (para usar sua própria terminologia) negue essa abstração e a traga de volta ao nossos interesses e ao nosso bem-estar.

Isso acontece com frequência. Teoria, filosofia, arte moderna, economia e outros movimentos que utilizam abstrações obscuras podem com facilidade degenerar em obscurecimento pretensioso e se tornar playgrounds opressivos de divas e elites acadêmicas acostumadas a intimidar, tanto quanto impressionar. Os pesquisadores, tentados pela promessa de uma reivindicação fácil e garantida de inteligência, criam vasta circulação de citações obscuras e impressionantes. Uma disseminação de nomes como Lacan ou Deleuze e Guattari em geral é um bom sinal da presença de tais conceitos opressivos. Somente pelo processo subsequente de amadurecimento e reembasamento da teoria em sua aplicação às vidas e linguagens cotidianas a inteligência se transforma em compreensão e se redireciona para uma percepção compassiva, e não para um fastio indiferente. Para tornar as coisas piores, o uso mais opressivo da teoria tende a se apresentar sob o disfarce de um empenho crítico ou político radical, uma preocupação com as condições realmente opressivas de nossa humanidade.

A tarefa agora é tomar nossa teoria idealizada da aparência artística, outrora em mármore branco, hoje em acrílico e angular, e arrastá-la de volta à lama e à escuridão da vida diária até que pareça muito menos intimidadora e mais semelhante a algo com o qual ficamos à vontade para levá-lo em casa e conhecer o pessoal. Neste capítulo, o dispositivo para trazer a teoria para casa será imergi-la no problema mais geral de saber o que é realmente uma casa. O objetivo é, literalmente, domesticar a teoria, nos ajudar a nos sentirmos em casa com essas abstrações, mostrando que as ideias teóricas debatidas no capítulo anterior podem dar lugar a genuínos insights sobre como comumente nos sentimos em casa neste vasto mundo. Por isso, embora menos explícito ao lidar com a teoria, este capítulo também começa com questões sobre objetificação e segue com problemas relativos a agência e materialidade.

A indumentária suscitou a questão da superficialidade, e nossa discussão prosseguiu com uma análise substantiva de como nos vestimos para demonstrar como a indumentária e as pessoas constituem reciprocamente um o outro. Num grau muito mais elevado, a moradia implica contornos de poder e escala que tornam questões tão íntimas como nossos relacionamentos pessoais dependentes de forças muito maiores. Por isso nos confrontamos com um contexto muito mais amplo e profundo para nossa análise. Considere a relação entre as pessoas e seus lares em Londres. Assim como no caso da indumentária, é possível que as pessoas em Londres queiram que suas casas sejam parte de um processo semelhante de construção recíproca. Muitas vezes, porém, se é isso que elas querem, trata-se de um desejo frustrado, pois a moradia traz consigo forças poderosas que absolutamente não estão sob seu controle. Eu posso acabar de ter feito comentários críticos sobre a pureza de certas políticas acadêmicas radicais, mas não tenho nenhum desejo de abster-me da política, e minhas cores estão firmemente fixadas ao mastro daquelas que têm uma orientação escancarada para a esquerda, cujos valores e cujo âmago repousam sobre um desejo de igualdade de bem-estar.

As questões relacionadas à indumentária são simples, pois, embora uma importante indústria da moda esteja em vigor, ainda conservamos boa dose de escolha e autonomia quanto à seleção e ao uso de vestimentas. As roupas são relativamente baratas, mas as casas, não. Elas são o elefante dos trecos, imensas bestas pesadas, excessivamente difíceis de controlar. Você pode comprar um suéter no Primark por £ 8, porém, para voltar com ele para sua casa própria em Londres, isso vai custar £ 300 mil. Por conseguinte, a propriedade atrai um número bem maior de partes interessadas: o Estado, proprietários de terra, conselhos administrativos locais, empresas construtoras e afins. Em comparação com essas forças, qualquer desejo de nossa parte – meras pessoas que moram em casas – de estabelecer certo relacionamento com elas pode nos situar muito baixo em qualquer hierarquia social de poder. Algumas vezes esses poderes se manifestam de formas extraordinárias e inesperadas, ocultos entre diferentes gêneros de cultura material, onde não os percebemos como poder. Este capítulo, portanto, lida muito mais diretamente com questões de poder do que o Capítulo 1. Começando com as forças mais abundantes que operam sobre as casas, tais como ideologias globais, ele então se desloca para baixo, rumo a mundos menores de poder e diferença, expressos em questões de gênero e outras relações.

Para começar do contexto mais amplo, vivemos há um tempo consideravelmente longo na era da habitação global, em que há tendências e forças determinando de forma radical o sortimento de moradias em todas as partes do mundo. Isso inclui a arquitetura de muitas das construções de Londres ao longo do século XX.[1] Antes sugeriu-se que, em seu zelo, a filosofia, muitas vezes em conluio com a arte, tem uma tendência a partir para cima da gente e a se tornar opressiva. Um exemplo vem com a ascensão do Modernismo no começo do século XX. Estimulado pelos avanços da ciência, liberto pelo repúdio da arte às convenções passadas, o Modernismo forjou suas próprias proclamações acerca do que o futuro deveria parecer. Com respeito à habitação, não foi uma moda leve que veio e se foi. Perfilado de acordo com o fanatismo de Le Corbusier e da Bauhaus, ele se tornou a ortodoxia da arquitetura e do design. Fachadas eram crime, a forma seguiria a função. As casas seriam honestas, objetivas, racionais e, se necessário, até brutais. Como instrumento de objetificação, a nova arquitetura libertaria seus habitantes, que se tornariam eles próprios modernos, no espelho de seu novo ambiente. Livres das fissuras empoeiradas da história, expostos a superfícies brancas e lustrosas, passaríamos a ver muitíssimo mais claramente quem iríamos ser.

Já vimos que, deixados a si mesmos, os trecos tendem à modéstia. Há uma humildade natural nas coisas, que consiste em elas funcionarem melhor como a moldura que guia nossa percepção acerca do que é apropriado, e não como algo que levamos em conta por si mesmo. Essa tendência pode os tornar trecos muito poderosos quando postos a serviço de uma ideologia. Quando alguém nos diz que devemos fazer isto ou ser aquilo, reagimos e nos sentimos coagidos. Todavia, quando a mesma mensagem é transmitida não por uma voz intimidadora, mas muito bem oculta no interior da substância de trecos em aparência silenciosos, tendemos a perceber menos nosso desempoderamento. Assim foi no começo do século XX. Oficialmente, os políticos e a voz da ideologia estavam engajados em batalhas contínuas de direita contra esquerda, socialismo contra mercado. Isso nós sabíamos e podíamos contestar. Contudo, ao longo do mesmo período, cresceram outras torres de apartamentos modernistas para abrigar as novas populações modernistas. De modo curioso, elas não ouviam nem obedeciam essas distinções oficiais entre Estados e mercados, comunismo e capitalismo. Toda disputa ideológica explícita foi evitada. Portanto, a difusão da arquitetura modernista grassou ditosamente insensível. Não fazia a menor diferença se você morasse em Nova York ou Moscou; teria a mesma probabilidade de assistir a uma transformação da paisagem urbana tal como controlada pelo Modernismo. Eram objetos enormes, mas nem de longe os víamos como expressões de uma ideologia oficial ou política.

Contudo, essas forças não se perfilam elas próprias em linhas convencionais de comunismo contra capitalismo. Havia outra batalha incrivelmente silenciosa em curso no campo da arquitetura. Vastos movimentos de resistência começaram a reunir forças para impedir que o Modernismo tomasse o controle do planeta, mas muito poucas pessoas estavam ao menos conscientes de que tamanha guerra era travada. Mesmo retrospectivamente, deixamos de dar importância aos indícios. Podemos até estar errados sobre quem ganhou. É fácil pensar que a modernidade tornou-se ubíqua como forma e estilo da habitação moderna. Afinal, ela não se mostra apenas nos agrupamentos de torres de apartamentos. Também foi dominante em escolas, escritórios e hospitais, substituindo ameias e pináculos por vidro e concreto. Mas o Modernismo não é ubíquo, e passeando a esmo pelas ruas de Londres a gente começa a compreender que, afinal, ele ficou inteiramente confinado às habitações construídas pelo Estado e pelas corporações.

Saia da rua principal e perambule pelas ruas menores de Londres. A gente descobre que, exceto pelas habitações estatais feitas para os operários, a maior parte das casas construídas por particulares tem aparência muito diferente. Parece subúrbio. Quem foi o Le Corbusier dos subúrbios? Quem reagrupou a população e disse a ela para construir barricadas de sacadas, estuque e alpendres contra a predação da besta modernista? Bem, ninguém. Contudo, se interrogarmos essas ruas, descobrimos mais uma vez que elas falam de uma ideologia tão consistente em sua lógica quanto a do Modernismo. Afinal, será coincidência ver casas de enxaimel, com madeirame *semi*exposto, *semi*afastadas, *sub*-urbanas, habitadas pelas classes *médias*? Esses termos são bem sugestivos da ambiguidade e da recusa de escolher entre categorias alternativas. Como argumentou Mary Douglas, não gostamos de tamanha ambivalência: parece que essa arquitetura não tem princípios, e não surpreende que o estilo tenha sido oficialmente condenado. Não obstante, quanto mais o discurso autoritário descrevia os subúrbios como coisas feias, conservadoras e irracionais, mais eles floresciam. Na sequência da expansão do sistema de metrô de Londres, proliferaram as colônias suburbanas que se orgulhavam das fachadas e insistiam em acrescentar jardins frontais, no estilo casa de campo, às suas moradias urbanas – trazendo a Cotswolds rural para Finchey. Só para reforçar o argumento, as paredes dessas casas eram escoradas por dentro por balcões, cômodas, penteadeiras e aparadores. Aço, ciência e racionalidade não tiveram a menor chance contra maçanetas e *Dunroamin*.* Le Corbusier não tinha nenhuma defesa preparada contra o *aprazível* e o *bonito*.

O ponto crítico no Reino Unido chegou em 1968, com a explosão acidental na torre de um conjunto habitacional chamada Ronan Point, revelando certas falhas estruturais. A luta estava mais que acabada na época em que o bloco foi demolido, em 1986. Nesse período, as mesmas vozes oficiais que tanto haviam rebaixado os subúrbios agora dirigiam sua ira contra os conjuntos residenciais modernistas. Políticos da direita e da esquerda, que antes competiam no desejo de construir os conjuntos, uniram-se para condenar a habitação pública em edifícios altos, sobretudo se fossem projetos urbanos de propriedade do Estado. Vistas como fracassadas sociais, as pessoas que moravam ali eram consideradas detritos urbanos, responsáveis

* Casas, retiros, hotéis, abrigos para animais perdidos etc. recebem às vezes o nome de *Dunroaming*, anagrama de *I'm done with roaming*, ou "cansei, chega de perambular". (N.T.)

por tudo de ruim que havia na vida da cidade. Os conjuntos habitacionais modernos produziam crime e alcoolismo. Mas quem de fato construiu esses projetos habitacionais? Quem tinha destruído infinitas alas de pequenas casas, condenando-as como cortiços, substituindo-as por essa visão da comunidade que inevitavelmente surgiria da cuidadosa construção, pelos arquitetos, do equilíbrio apropriado ao espaço comunitário e privado? Não foram as pessoas que moravam nas habitações; a opinião delas nunca foi solicitada, nem suas vozes ouvidas. As pessoas que eram condenadas como fracassos urbanos nunca foram consultadas sobre a decisão de removê-las para tais moradias. Elas eram castigadas pelas próprias pessoas que tomavam as decisões, os planejadores, líderes e burocratas do conselho administrativo. Pessoas que na verdade administravam o Estado e construíram a arquitetura modernista, mas que, curiosamente, quando se tratava de suas próprias vidas privadas (exceto os arquitetos), preferiam viver nas casas semiafastadas ou afastadas.

Tomada como uma versão simplificada da história da habitação na Londres do século XX, isso parece muito diferente dos meus alegres conluios constituídos de pessoas e coisas a se fazerem reciprocamente. É quase o contrário. Quando analisado pela primeira vez, o estudo de caso pretendia ser uma exemplificação do conceito marxista de ideologia. Nessa tradição, a ideologia representava um paradoxo: como processo de objetificação, as pessoas podem se compreender no espelho do mundo em que vivem. Mas o que acontece quando o mundo é criado pelos outros, e não por elas mesmas? Se elas veem a si mesmas nesse mundo, não se compreendem direito. Uma classe poderosa construiu casas para objetificar seus próprios valores, mas também construiu as habitações que passaram a representar os valores contra os quais ela se definia. Assim, segundo o conceito marxista de ideologia, a massa da população foi forçada a se ver no espelho do treco produzido por uma classe dominante, e não de seu próprio treco. Exceto que, ao contrário das presunções marxistas, nem o proletariado nem a classe dominante saiu ganhando. Na verdade, foi a classe média dos subúrbios, uma classe tão universalmente ridicularizada pelos teóricos que ninguém se deu ao trabalho de teorizá-la da forma adequada.

Isso exemplifica o modo como a moradia pode significar uma advertência crítica aos argumentos antes apresentados sobre a indumentária. Embora as pessoas sejam construídas por seu mundo material, com frequência não são elas os agentes por trás desse mundo material no qual têm de viver. Ao trazermos nossa teoria da objetificação de volta ao universo cotidiano da habitação, ela já parece bem sujinha; talvez tão confusa quanto obscura. Contudo, esta não é uma narrativa simples de vilões e interesses de classe reconhecíveis. Ao mesmo tempo que a esquerda e a direita se igualavam no zelo de condenar, elas não precisavam ter consciência dos resultados prováveis de suas ações. Para descobrir os valores objetificados na habitação, você não vai muito longe fazendo perguntas às pessoas, você deve examinar a lógica do próprio treco, a forma e a ordem subjacentes do ambiente construído.

No mesmo exemplo, há uma arquitetura do Modernismo que fala de modo estridente de sua postura em relação ao mundo; e uma arquitetura suburbana que permanece calma e reservada quanto a qualquer mensagem subjacente. A análise da cultura material deve ouvir as vozes explícitas, mas se concentrar nas mensagens que aparecem como tinta invisível, emergindo depois da limpeza feita pela análise. Até aqui, só tratamos do exterior das casas, a maneira como elas se apresentam ao domínio público. Se quisermos considerar questões de poder numa escala mais íntima, devemos cruzar as soleiras das portas e entrar, olhar além das fachadas, para os processos de decoração interna. Aqui vamos encontrar outro campo de disputa. Porém, o dentro e o fora da casa não chegam a ser domínios inteiramente separados. Os dois estão profundamente entrelaçados, como ilustra o próximo estudo de caso. Por enquanto, vamos continuar com as modernistas habitações estatais urbanas de Londres, mas olhando o lado de dentro, para ver como isso nos ajuda a repensar o significado do termo objetificação em relação ao poder.[2] Assim, passemos pela sala de estar e vamos nos instalar na cozinha, para uma xícara de chá. Afinal, trata-se de um projeto urbano operário no norte de Londres, e um chá na cozinha é o lugar ideal para bater um papo.

Ao sentar bebericando seu chá, você pensa sobre as cozinhas. Como elas foram construídas como projeto urbano único, sob orientação modernista, é provável que os moradores originais que se mudaram ao término da obra tenham recebido apartamentos com cozinhas quase idênticas às de seus vizinhos. Então, você imagina essa população como se fosse formada de artistas. Cada um ganha de presente uma tela em branco – a superfície branca da cozinha. Depois de cerca de treze anos, na época de meu estudo, o que teriam pintado na tela e por quê? Em particular, eu queria saber se algumas pessoas haviam feito modificações radicais e outras não, se seria possível explicá-las pela diferença em sua capacidade de se apropriar de coisas que lhes foram destinadas pelo Estado.

Na maioria dos casos, houve modificações consideráveis, mas a explicação para elas não era simples. Os móveis de cozinha fornecidos pelo Estado na verdade tinham boa qualidade. Eu consultei um especialista em ergonomia para estabelecer e confirmar que, quando os residentes os substituíram por móveis caros comprados em lojas, não ganharam nenhuma vantagem funcional. Segundo o especialista, os itens comprados depois não eram ergonomicamente superiores. Como essas pessoas eram usufrutuárias, não proprietárias, tampouco tiveram uma vantagem financeira com as substituições – não foi um investimento. Assim, reformar uma cozinha com móveis novos e caros não manifesta qualquer forma óbvia de racionalidade. No outro extremo, porém, também havia cozinhas que, após treze anos, apresentavam o mesmíssimo esquema decorativo do original, de quando os apartamentos foram ocupados. Mas isso não significa que os moradores nunca tenham feito algum trabalho decorativo. Muitas vezes, representa que, a cada poucos anos, quando tinham de repintar suas casas, eles optavam por manter o estilo e a aparência originais. Mais uma vez, não há razão funcional para isso.

Para entender o que esses artistas fizeram ou deixaram de fazer em suas telas em branco, cabe começar por sua relação precisa com o poder representado pelo Estado. Aquela foi uma época em que o governo do Reino Unido, sob o comando de Margaret Thatcher, não se dignava a esconder seu desdém pela habitação estatal e tendia a estigmatizar os que ocupavam esses apartamentos. Essa foi uma das razões pelas quais as pessoas que ali viviam começaram a acreditar que os móveis de cozinha fornecidos com a moradia não podiam ser bons e precisavam ser substituídos. Não há nada de intrinsecamente humilhante em viver em habitações estatais ou alugar, em vez de ser proprietário. Em muitas outras comunidades, a locação pode ser preferida ou até celebrada. No Reino Unido, porém, naquela época, esses ocupantes estavam no último lugar da fila da história então contada, na qual eles levavam a culpa pelos fracassos dos arquitetos modernistas. O projeto urbano tinha recebido prêmios quando foi construído, mas agora era visto como abominável. Sob tais condições, não chega a surpreender que, para aquelas famílias, os próprios apartamentos fossem quase percebidos como um inimigo. Simplesmente por morarem lá, eles sentiam que estavam marcados pela nova identidade estigmatizada de locadores do conselho administrativo. A situação não recebeu nenhum apoio dos conselhos administrativos locais, na época. A burocracia permaneceu extremamente restritiva em relação a locadores que fizessem qualquer coisa representando mudança significativa em seus apartamentos. O conselho administrativo local chegou a dispor de um elemento *big brother* que parecia controlar cada mínimo detalhe da vida das pessoas. Nessa prisão modernista, qualquer mudança que se fizesse no apartamento era vista como um ataque à harmonia arquitetônica do conjunto. Todos esses fatores significam que a relação entre as pessoas e o lugar em que viviam era impregnada de alienação.

Se aquele era o ponto de partida que as pessoas desesperavam por deixar para trás, a pergunta seguinte era: quais delas foram bem-sucedidas em seu esforço e por quê? Ficou evidente que o recurso mais importante de que dispunham para mudar a relação com suas próprias moradias não era o dinheiro. Afinal, custa exatamente o mesmo repintar as cores originais da cozinha ou usar cores diferentes nas paredes. Muito pouca gente comprou cozinhas inteiramente novas. Na maioria das vezes, houve decorações superficiais, como enfeites, pôsteres e calendários nas paredes. As peças foram usadas para personalizar alguns apartamentos, mas não todos. Logo se tornou claro que as pessoas capazes de levar a cabo essas transformações eram aquelas que tinham boas relações sociais e o apoio dos outros. Este foi o primeiro de uma boa série de estudos sobre cultura material; eles concluíram que as pessoas que dispunham de relações fortes com as outras eram as que também tinham relações efetivas e satisfatórias com o mundo material; aqueles que sentiam ter fracassado em suas relações com outras coisas ou pessoas se mostravam incapazes de construir relacionamentos satisfatórios nos demais domínios. Foi uma conclusão importante, porque é o oposto diametral da suposição presente nas acusações de materialismo, palavra indicativa de que as pessoas que centram sua atenção em seus relacionamentos com coisas tendem a fazê-lo à custa das relações com outras pessoas.

De todas as relações que realmente ajudaram as pessoas a superar seu sentido de alienação quanto aos apartamentos em que viviam, o gênero se mostrou a mais importante. Homens solteiros, sem apoio feminino, quase nada fizeram para mudar o apartamento ao longo dos treze anos. Eles simplesmente reproduziram o mesmo esquema original de cores. Porém, mulheres solteiras sem apoio masculino não estavam em situação muito melhor. Falar de apoio não implica apenas o tipo de ajuda de inspiração feminista, em que o homem começa a auxiliar em tarefas tradicionalmente femininas. Ele refletiria a manutenção de uma divisão do trabalho muito estrita e tradicional, em que a mulher é tida como responsável por interessar-se, conhecer e suprir uma sensibilidade estética sobre a aparência do lugar, enquanto, nessa arena conservadora da classe trabalhadora, esperava-se que os homens não tivessem nenhum interesse por questões de estilo. Em lugar disso, os homens deviam cultivar a perícia com uma caixa de ferramentas do tipo "faça você mesmo". O homem de verdade era o que tinha uma furadeira elétrica, o objeto com a marca mais evidente de gênero dentro de uma casa. Há um contexto histórico óbvio para tudo isso. Homens que tinham passado tradicionalmente muito mais tempo no emprego, executando ofícios manuais, enfrentavam uma redução gradual de suas horas de trabalho, o que lhes dava mais tempo de ócio em casa. Porém, uma vez em casa, sentiam-se entediados ou eram importunados pelas mulheres. O crescimento do "faça você mesmo" salvou a percepção do homem acerca de sua própria masculinidade e lhe conferiu um papel apropriado no lar.

Sem a direção estética das mulheres, os homens sentiam que nada podiam fazer. Sem o trabalho manual dos homens, as mulheres sentiam que nada podiam fazer. Mas quando se viram preparados para trocar essas habilidades, o resultado foi a transformação da cozinha, o que representou o esforço de superar o estado inicial de alienação em relação ao Estado. Os resultados às vezes eram radicais, com enxaimel ao estilo Tudor cruzando o teto; ou absolutamente tudo, desde o piso e os azulejos até a máquina de lavar louça, em tons de azul. Nesses casos, o casal tinha se apropriado dos móveis do Estado, personalizando-os para que pudessem se identificar positivamente com sua própria casa. Ou, em casos extremos, haviam jogado fora os originais e comprados móveis novos.

A conclusão sugeriu que duas coisas que seriam estudadas isoladamente na verdade deviam ser tidas em sua relação recíproca. Por um lado, há o modo como a relação com os poderes mais amplos do Estado e do mercado dá lugar a uma condição de alienação. Por outro, para compreender quais famílias foram capazes de superar essa condição de alienação, devemos examinar relacionamentos íntimos de gêneros. O treco – nesse caso em forma de cozinhas e sua decoração – era parte integrante da maneira como esses dois conjuntos de relações se interconectavam. De modo curioso, o que emergiu desse estudo sobre as cozinhas foi uma relação de troca recíproca entre homens e mulheres que se parecia, aos olhos de todos, com o que a antropóloga Marilyn Strathern observara como núcleo das sociedades malesianas em *The Gender of the Gift*.[3] A autora tinha usado seus estudos malesianos para argumentar que o gênero não era um dado; estudos de gênero não devem ser sobre o que homens fazem ou o que mulheres fazem, mas sobre a criação de diferenças que, por sua vez, produzem condições para a troca e criam, enfim, o que reconhecemos como gênero. Estabelecer que a transformação da cozinha depende de uma troca entre os interesses estéticos das mulheres e o trabalho manual dos homens reforçou uma definição clara do próprio gênero.

Esse relato é muito generalizado. Nem todos os casais resolvem as coisas assim. Muitas vezes os casais se formam originalmente com base na atração entre indivíduos com marcas de gênero características; um homem machão é atraído por uma mulher muito feminina e vice-versa. Ao se tornarem um casal que vive junto, a oposição, que no passado era fonte de atração mútua, pode conciliar-se ou não no desenvolvimento do lar comum. Eles podem chegar a um compromisso negociado. Assim, em certos casos, a mulher fica com o quarto de dormir como seu ninho, evidente na cama suntuosa com um urso de pelúcia no meio. Enquanto isso, o homem controla a sala de estar e povoa-a de jogos de computador e uma poltrona com porta latas de cerveja no braço, para ele ver jogos de futebol na televisão. Outro casal tem horror ao que considera estereótipos de gênero desse tipo e se esforça por alcançar igualdade e compartilhamento. Isso irá produzir uma estética bastante diferente, mais conciliatória.

Com frequência, porém, o desejo de igualdade de uma mulher é frustrado por relações de poder mais abrangentes. Como no caso das cozinhas, queremos concentrar nossa atenção nos relacionamentos pessoais, mas descobrimos ali ecos de lutas muito mais amplas pelo poder. O problema de Georgina é que o marido é artista profissional com opiniões fortes sobre arte e muitos outros assuntos estéticos. Por isso, ela tem dificuldades consideráveis para lidar com a estética da casa ou tentar fazer dela um meio de expressar o relacionamento dos dois. Georgina tem plena consciência de que a atividade de decoração pode e deve incluir muito mais concessões e projetos compartilhados do que aqueles pertencentes à esfera em que a opinião do marido é tão clara e forte. Ela gostaria de incluir algumas cenas românticas, mas ele tende ao minimalismo. Por conseguinte, não há decoração nas paredes. Georgina sabe muito bem que, se a casa se manifesta como espelho de seus relacionamentos sociais, ela põe em relevo sobretudo as incompatibilidades entre os dois. Melhor deixar como está.

Um exemplo final vem de um ano de estudo levado a cabo com Zuzana Búriková sobre a experiência de jovens eslovacas que trabalhavam como babás em troca de alojamento e comida em Londres.[4] Quando começamos a observar de perto os quartos que as famílias destinavam e preparavam para as babás, não demorou para emergir um claro padrão. Parece que a maioria das famílias não pensou duas vezes antes de decidir que o padrão da fábrica de móveis sueca Ikea representava a fonte perfeita para o "estilo babá". Não apenas a Ikea em geral, mas especificamente os móveis Ikea de melamina branca, encontrados em cerca da metade dos quartos de babá fotodocumentados que estudamos.

A razão reside decerto na analogia muito direta que essas famílias veem entre sua compreensão da babá e sua compreensão da Ikea. Assim como a babá, a melamina branca da Ikea em geral é barata, com uma feição europeia jovem e moderna, caracterizada por limpeza, funcionalidade e eficiência. Com sorte, eram móveis razoavelmente duráveis e fáceis de substituir. Quando há troca de babá, a lousa é limpa e pode-se começar de novo, com uma superfície branca e sem expressão; os vestígios da ocupante anterior são removidos instantaneamente. Em geral, as próprias babás ficam satisfeitas com o resultado. Esses quartos são limpos, fáceis de arrumar, funcionais, modernos e luzentes. Na Eslováquia, a Ikea tem um quê de requintada. Um pouco estranhamente para uma firma baseada na Suécia, mas cujas peças são fabricadas em países da Europa Oriental, muitos dos móveis custam mais na Ikea eslovaca do que na de Londres. Somente depois um grande número de babás começou a perceber o outro lado desse modernismo funcional: sua frieza e anonimidade.

Em todos esses casos, a moradia foi usada para chamar a atenção sobre questões de poder, deliberadamente mantidas fora do foco quando debatemos a indumentária. Porém, há razões para que cada tipo abordado sirva a seu propósito ilustrativo. As casas, o elefante entre os trecos, atraem a atenção do poder, enquanto as roupas, postas de lado como mera trivialidade, não. Mas às vezes o fazem. Porém, nós também começamos a domesticar o próprio conceito de objetificação. No caso das cozinhas, seria tão válido dizer que lares são instrumentos para a construção do gênero quanto que são homens e mulheres que se juntam para se apropriar dos lares. O Modernismo criou o design, mas a classe média descobriu seus próprios valores por meio do design suburbano, usado como baluarte contra o Modernismo. Essas histórias sem dúvida dizem respeito à moradia, mas olhe abaixo da superfície, e elas também continuam a ser histórias sobre objetificação.

Casa e agência[5]

Muitas abordagens nas ciências sociais parecem implicar que, se suas análises não se referirem a esses tipos de relação de poder, elas não terão atingido seus objetivos políticos. Mas a análise das relações de poder, como a das relações sociais, pode facilmente recair numa espécie de reducionismo mecânico. O último capítulo tentou mostrar como a teoria de objetificação significa que a contradição é intrínseca à cultura. Tais contradições não são necessariamente – nem meramente – um reflexo de outras relações. Assim, é útil também examinar casos que não digam respeito a poder e opressão. Em vez disso, talvez devêssemos nos voltar para alguém que seja afortunado de fato. Alguém que tenha tido a capacidade de escolher para si exatamente a casa que gostaria de ocupar e que, com um salário decente e boa sorte, tem meios para cultivar uma relação com a casa e o lar relativamente livre das forças até aqui debatidas. Tomemos, por exemplo, o autor.

Eu fui mais que apenas afortunado no tocante à compra de casas, a começar pela primeira, em Manchester, pela qual eu e minha esposa pagamos a soma principesca de £ 19 mil. Por força da alta de preços no lugar certo e na hora certa, progredimos desse início em Manchester para nossa presente moradia em Londres, muito melhor que qualquer casa que jamais imaginei comprar, especialmente em termos de estilo. Não sou bem-versado nas artes e não tenho muito respeito pelo meu gosto nesses assuntos. Contudo, sempre adorei as artes e ofícios daquele período, desde as joias de Archibald Knox até a arquitetura de Charles Rennie Mackintosh, o que no Reino Unido é uma preferência bastante comum. Minha casa foi construída em 1906 e é muito diferente, pelo fato de nenhuma das peças ser um simples retângulo. Nas palavras imortais de todos os corretores de imóveis, ela também "conserva muitas características originais", desde a escada de carvalho até várias lareiras e suas circunvizinhanças. Bom, tudo bem, a rosas circulares nas janelas de vitral não são realmente Mackintosh, mas são subsubMackintosh, o que é bom o bastante para mim.

Eu tenho sorte, portanto, de ocupar esse paraíso tipicamente inglês de casa e jardim suburbanos. Na verdade, escrevo isso num escritório em minha casa, enquanto olho esquilos, raposas e chapins azuis lá fora. Todavia, há um aspecto problemático, e admito que é relativamente insignificante, nessa pequena narrativa de bem-aventurança suburbana. A casa é uma pontinha bonita demais, parecida demais com o estilo que eu admiro, mas que nunca poderia ter esperanças de emular. O problema é que, como qualquer dono de casa, temos de pintar paredes, escolher tapetes, acrescentar mobília e enfeites, arranjar cortinas e assim por diante. Falando por mim mesmo (e não, apresso-me em acrescentar, pelo restante de minha família, cujo gosto é impecável), tenho a impressão constante de que qualquer coisa que eu faça não chegará à altura dos padrões estabelecidos pela própria casa. Idealmente, eu compraria e usaria coisas que rematariam e completariam a estética que admiro. De modo inevitável, porém, quando escolhi uma almofada, quando coloquei uma mobília nova (algumas das quais são da Ikea), em vez disso, senti que traí e aviltei a casa, que merece alguém de mais bom gosto que eu. Não só me desapontei, eu desapontei a casa. Simplesmente não possuo um gosto que se iguale à sua estética original.

Claro que não estou tentando comparar minha sorte de viver no interior de uma estética que percebo como superior a mim mesmo com a difícil condição de pessoas forçadas a viver em situação desconfortável, em projetos urbanos desalmados, em relação aos quais elas não têm nenhuma escolha. Eu contrasto – não equiparo – minha posição com a dessa população impotente. A questão é que, mesmo quando não há nenhuma dessas condições externas opressivas, disso não resulta que estamos de volta a alguma versão idealizada da teoria apresentada no último capítulo. Há uma ampla gama de razões pelas quais as pessoas podem não sentir que a casa é um veículo por meio do qual elas se constroem e se desenvolvem de maneira positiva. Minha alienação da casa deriva exclusivamente de meu sentido de inferioridade em relação a ela.

No Capítulo 2, sugeriu-se que podemos descobrir em mitos, rituais e cosmologias de povos da Melanésia ou da Austrália indícios de contradições de objetificação apropriados à sua circunstância. Começando do meu ponto individual de alienação, podemos generalizá-lo para o povo inglês como um todo examinando nossas próprias formas de mito. Tomemos, por exemplo, o gênero das casas mal-assombradas. Se pensarmos um momento sobre a casa mal-assombrada clássica, é muito improvável que tenhamos em mente apenas uma fileira muito comum de casas iguais numa rua de Londres. Se uma propriedade como a minha tivesse sorte, até podia dar um jeito de arranjar um *poltergeist*, mas é muito improvável que atraísse um fantasma de verdade. Para ser dignos de tal honra, talvez precisássemos morar em algum casarão ancestral, que passe de geração em geração, herdando fantasmas de mortes trágicas há vários séculos; a garotinha que se escondeu num baú de roupas e nunca mais conseguiu sair, ou um galante cavaleiro que tirou a própria vida ao saber da morte de sua amada.

Meu caso favorito no gênero é ficcional, *O fantasma de Canterville*, de Oscar Wilde. Os dois fatores-chave da narrativa são, primeiro, que ela diz respeito a uma velha casa com seu próprio nome e sua própria história. O segundo é que o comprador, Hiram B. Otis, é um norte-americano pouco disposto a ligar para essas coisas. Proclamando que vem de um país moderno, ele não mostra respeito algum pelo bem-estabelecido fantasma. A primeira ação da nova senhora da casa é tentar remover (com a assistência do Campeão de Tira-Manchas Pinkerton) as manchas de sangue de Lady Eleanore de Canterville, ali assassinada por seu marido em 1575. Nas páginas seguintes, o distinto fantasma fica horrorizado com o materialismo de Otis, a falta de respeito de seus filhos por uma linhagem como a dele e pelas suas inúmeras realizações passadas no nobre exercício de assombrar. Para encurtar a história, tudo acaba bem, claro. O fantasma afinal repousa sepultado no jardim da morte; e a filha de Otis, tendo se apaixonado pelo duque de Cheshire, passa a respeitar e a tomar parte na tradição representada pela casa.

A associação de fantasmas com casas imponentes não é uma invenção de Wilde. Basicamente, quanto mais velha for a casa, mas chance há de que seja assombrada. De um modo geral, o fantasma põe em evidência aspectos da história da casa que ficariam desconhecidos, como, por exemplo, algum antigo esconderijo para padres, um salão ou quarto secreto. Fantasmas têm uma tendência marcada para se apegar a seus velhos hábitats. Por que, no entanto, os novos proprietários dessas casas deveriam se sentir estorvados por *posses* além daquelas que compraram? A razão é que os fantasmas expressam a questão teórica suscitada por nossa teoria dialética. Eles estão até mais perto do que foi introduzido como buscas alternativas de transcender a oposição entre sujeito e objeto, teorias associadas a escritores como Latour e Gell, que falam em termos da agência das coisas. Isto é, nós pensamos que nós, sujeitos humanos, somos agentes livres que podemos fazer isto ou aquilo com a cultura material que possuímos. Mas não podemos. Objetos podem ser pequenas bestas obstinadas que caem do console da lareira e quebram, que se recusam a crescer nos trechos sombreados do jardim, que nos obrigam a viajar, e cujos sistemas caem justo quando estamos prestes a escrever algo genuinamente interessante. Se, em todos esses casos, eles claramente não manifestam a agência representada por nós, então parece razoável começar a falar em termos da agência representada por eles – os *gremlins*. Em resumo, uma maneira de pensar sobre essas teorias da dialética, ou constituição mútua, é imaginar a cultura material como possuidora de agência inteiramente própria. Coisas fazem coisas conosco, e não apenas coisas que gostaríamos que fizessem.

Isso era o que eu queria dizer sobre minha própria casa. Teoricamente, possuo a casa e deveria ser capaz de fazer qualquer coisa com ela, submetendo-me apenas aos sentimentos da minha família e às leis do Estado. Mas claro que não posso. A desgraçada da casa é simplesmente bonita demais e me humilha. Porém, enquanto eu estiver preparado para ser humilde e respeitar suas características originais, tiro dela um bocado de prazer. Em parte, isso também vem do fato de eu compreender que a casa foi construída em 1906, teve muitos ocupantes antes de mim e terá outros depois de mim. Comparado a ela, sou completamente transitório. Isso é ainda mais evidente quando a pessoa mora numa casa imponente construída séculos atrás. Nesse caso, o dono pode se sentir como alguém que a conserva para o futuro, e não apenas como seu proprietário. Nós temos uma percepção de que a casa tem seus próprios poderes e propriedades que estão além de nós – algo que pode ser mais bem-compreendido se dermos a esse poder e a essa história uma forma antropomórfica. Em vez de dizer que a casa tem agência, é mais fácil persistir com as entidades que em geral pensamos como dotadas de agência, isto é, as pessoas, mesmo que, nesse caso, elas estejam mortas. Um fantasma pode expressar o sentimento de que há poder na mera longevidade da casa, uma agência que representa os limites de nossa própria agência. O fantasma pode simbolizar essa história antiga de uma forma que nós não podemos. Ou, para dizê-lo de modo mais sucinto, talvez devêssemos compreender que fantasmas são os *corretores* originais (desculpem!).

Não surpreende que essa questão sobre a natureza às vezes obstinada das coisas materiais use o exemplo da casa, e não o da indumentária. Uma casa é muito mais suscetível de ser experimentada como agência independente e autônoma que algum gênero menor de cultura material. Porém, a ideia básica de que as coisas têm agência é válida para substâncias muito mais triviais. Keane argumenta muito efetivamente sobre isso num estudo etnográfico sobre a ilha de Sumba, na Indonésia.[6] Um dos seus exemplos-chave é o de uma peça de pano rasgada quando é transportada de um grupo de pessoas para outro. Ninguém pretendia que o pano fosse rasgado, mas as pessoas interpretam como algo significativo o fato de ele ter sido rasgado. Isso pode ser visto como sinal de agência não declarada de uma pessoa, como a relutância oculta em dar o pano, ou talvez seja a agência de espíritos maléficos em oposição àquela dos homens, intervindo para garantir resultado menos satisfatório. A história da casa mal-assombrada mostra que as pessoas na Inglaterra, assim como em Sumba, concebem espíritos que se apropriam por antecipação da nossa teorização moderna de agência como uma propriedade dos trecos.

Claro, a maioria de nós não vive em casas mal-assombradas, e nossas estratégias para lidar com a temporalidade das casas em geral são muito mais mundanas; não obstante, elas ainda podem tornar manifestas algumas contradições evidentes. Há duas maneiras principais de lidar com a longevidade dos lares no tocante à mobília. Um grupo prefere antiguidades genuínas, às vezes somente do período da própria casa. Outros reagem comprando móveis que são réplicas. Apesar de alguns combinarem as estratégias, amiúde há antagonismo e desdém consideráveis entre os dois campos. Para aqueles que preferem itens de réplica, antiguidades verdadeiras são "caixões" na forma de móvel. A ideia de que pessoas tenham morrido naquela cama em particular a torna algo a ser evitado a todo custo. Para o comprador de antiguidades, a aquisição de réplicas é tida como desonesta. Considera-se que essas pessoas burlaram, traíram a própria busca da autenticidade. Em contraste, para pessoas que compram móveis de reprodução, a compra de antiguidades é desonesta, visto que a mobília de réplica deixa claro que ela é um acréscimo contemporâneo ao local, já que as antiguidades não vêm dessa propriedade nem com ela. Os debates prosseguem, indo além da mera compra. Há o canto da lareira. Ele fica no mesmo lugar original ou é outro, aberto com a reforma de um espaço sob a escada? Ou você chega a ponto de renovar a própria casa com métodos antiquados, como vigas de carvalho com cavilhas de carvalho?

Tais contradições não são características da relação da habitação com o Estado e com formas de poder, mas algo intrínseco a algumas propriedades da materialidade, nesse caso, a longevidade. Somos forçados a tomar posição sobre questões cosmológicas de autenticidade, verdade e identidade. Tudo isso faz parte da nossa necessidade de chegar a um acordo com a agência dos próprios trecos. Um modo útil de pensar sobre o tema, quanto à habitação, é refletir sobre os vários significados da palavra *acomodação*. Ela fala da necessidade que temos de encontrar acomodação no sentido de um lugar para viver, e acomodação pode abranger muitos lugares desse tipo, de casas que possuímos a formas temporárias alugadas, como as acomodações estudantis. Em segundo lugar, ela também envolve um processo de acomodação no sentido de uma apropriação da casa por seus habitantes. Menos óbvio é que este segundo significado seja recíproco. Ele pode implicar as mudanças que fazemos para adaptar uma casa às nossas necessidades, mas também a necessidade de mudar a nós mesmos para nos adaptarmos à acomodação. Em terceiro, o termo acomodação expressa um sentido de propensão, de acordo benigno, de compromisso no interesse do outro, muitas vezes o único espírito em que a acomodação é alcançada. Ao considerarmos nossa relação com o lar por meio do termo acomodação não encaramos a casa como uma coisa, mas como um processo. Ser acomodatício e ser acomodado é algo em que estamos constantemente engajados. Assim, como, então, a acomodação torna-se acomodação acomodatícia? Como, na prática, alcançamos o equilíbrio entre a nossa agência e a da casa? Para explorar o tema mais a fundo, é útil dividir o problema numa série de diferentes registros ou escalas de acomodação. Felizmente, isso pode ser explicado por meio de uma série de projetos de pesquisa levados a cabo por meus doutorandos. Embora nenhum deles tenha sido concebido como série, quando os justapomos, eles formam uma sequência muito útil. Cada qual representa um estágio e uma escala diferente no estudo da dinâmica da acomodação.

Um projeto de Jean-Sébastien Marcoux examinou o processo de mudança de casa num local, Montreal, em que isso é feito com frequência, às vezes num dia particular do ano.[7] Marcoux observa que começamos com muitas hipóteses sobre mudar de casa. Supõe-se que seja traumático, desestabilizante e que até cause problemas de saúde. Seu estudo, porém, tenta examinar por que as pessoas mudariam por razões que elas qualificam de inteiramente positivas. Mudar-se permite uma espécie de realinhamento crítico das pessoas em relação às suas posses. Ao se mudar, elas se desfazem de alguns de seus trecos, mas, em contraste com a casa, muitas outras posses se mudam com elas. Como tal, mudar de casa permite às pessoas reconstruir sua biografia pessoal tal como representada em memórias de objetos associados, e, por meio disso, a percepção que a família tem de si mesma. Certas relações com outras pessoas são descartadas com os objetos que as lembram, ao passo que outros objetos ganham destaque e são usados de forma realçada na decoração da nova casa. Assim, as pessoas têm uma chance, por assim dizer, de elaborar e fazer reparos no modo como se representam e às suas histórias para si mesmas e para o mundo, de acordo com o modo como desejam se ver. Marcoux conclui que mudar de casa é uma forma de reescrever a própria biografia inscrita nas coisas.

Descendendo na escala, Alison Clarke (que compartilhou comigo o trabalho de campo sobre as compras) examinou as mudanças que têm lugar pela renovação de salas e quartos no interior da casa.[8] Trata-se de uma atividade sujeita a seus próprios clichês simplistas e generalizados, sobretudo o de "manter-se à altura do vizinho", que vê a decoração de interiores como um lócus de aspiração baseado na emulação dos vizinhos. No contexto de ascensão de estilos de vida privados e mais materialísticos, esta é a imagem que a maioria dos jornalistas tem da decoração doméstica. Clarke substituiu o clichê por uma compreensão muito mais informada e complexa do desempenho da casa na mediação do relacionamento com terceiros. O cenário de estudo dela, o de famílias operárias no programa britânico de habitação estatal, apresenta um paradoxo inicial. Por um lado, há uma clara preocupação com "o gramado do vizinho" e com o que as outras pessoas podem pensar sobre sua casa. Porém, conforme as tradições históricas da classe operária britânica, quase não há visitação entre vizinhos (visitas são quase exclusivamente de parentes). Essas famílias na verdade nunca veem as casas dos vizinhos, de modo que cabe perguntar quem elas estariam de fato emulando.

O que Clarke descobriu foi que, na prática, a relação-chave é com a própria casa, e não com os vizinhos. As pessoas sentem mais a discrepância entre a casa efetiva em que moram e as imagens que possuem de casas aspiradas ou ideais, derivadas de várias fontes. Tomemos, por exemplo, as aspirações de integração de um imigrante; ou, ao contrário, uma perspectiva de reconstrução de etnicidade; ou, alternativamente, as aspirações de uma mulher solteira em relação ao lugar em que ela vai morar com seu parceiro ideal, ou suas aspirações quanto ao futuro de seus filhos. O próprio lar é usado para objetificar tais metas: criar um ambiente imaginado que realiza a integração ou simboliza algum estado futuro. O lar como espelho de aspirações também se torna campo de batalha para o indivíduo ou o casal saber se está à altura de seus ideais ou os está traindo. Em resumo, eles julgam constantemente a si mesmos em contraste com a representação de seja lá quem for que pudessem vir a ser, tal como construído pela renovação de suas próprias casas.

Às vezes, o lar ideal é tido como um mito externo, e a maioria das casas comuns trai um conjunto muito diferente de relações. Em um estudo chamado "A casa japonesa desarrumada", Inge Daniels mostra, a partir dos indícios que recolheu morando numa série de casas japonesas,[9] que na verdade elas são muito diferentes do retrato externo que delas se faz como uma espécie de minimalismo natural e imaculado – o tipo de casa japonesa descrita nos suplementos dos jornais dominicais do Reino Unido. As casas japonesas de verdade têm pouca relação com a casa japonesa das nossas projeções orientalistas. Além disso, há um significado mais profundo para o fato de a maioria das casas ser positivamente desarrumada. Isso também é verdadeiro quanto à natureza da família japonesa e aos relacionamentos domésticos no seio do lar, que também tendem a ser descritos em categorias arrumadas e claras demais.

Finalmente, o uso de movimento e mudança no processo de acomodação pode ser levado até embaixo, à menor escala. Isso se tornou evidente para Paulina Garvey enquanto realizava sua pesquisa numa cidade no sul da Noruega.[10] Porque estava presente como etnógrafa, ela via não só as mudanças mais importantes que tiveram lugar na casa, mas também os pequenos movimentos, como colocar um cadeira ou uma mesa em posição ligeiramente diferente num cômodo. Em si mesmas triviais, quando vistas a longo prazo, tais ações têm duas consequências importantes. Em parte, elas estão ligadas ao horror que as pessoas têm à ideia de que estão presas, atoladas numa situação na qual nada jamais irá mudar. Talvez as famílias não queiram pelejar com coisas que são significativamente diferentes. Após um tempo, a cadeira pode ser posta de volta ao lugar onde sempre esteve. Mas pelo menos os habitantes expressaram sua agência sobre a de outras pessoas e coisas. Elas podem demonstrar a si mesmas que ainda mantêm uma capacidade de mudança. Em segundo lugar, essas são pequenas experiências, modos de repensar como as coisas poderiam ser, em diferentes configurações que quase não darão em nada, mas que ocasionalmente se tornam catalisadoras de mudanças mais significativas no ambiente no qual as pessoas vivem.

Cada um desses estudos ilustra o processo de acomodação como exemplo de objetificação. Em nenhum deles as pessoas meramente representam suas relações com a casa como algo estático. Em cada projeto de pesquisa, a dinâmica da casa é a soberana, seja no mudar-se de casa, seja na reforma da casa, seja fazendo uma bagunça ou apenas movendo trecos de um lado para outro. Em cada caso, as pessoas estão mais uma vez criando a si mesmas por meio dos trecos. O problema desses exemplos, como tantas vezes acontece nos estudos da cultura material, é que eles podem transmitir uma impressão relativamente trivial, de consequências limitadas. Nós viajamos uma grande distância, desde poder e ideologia, para não sermos oprimidos ou humilhados. Contudo, ao longo de todo este capítulo, insistimos no fato de os pequenos detalhes e as grandes ideologias em geral estão vinculados. O exemplo final volta às questões globais, nesse caso, à migração, só que vista através dos intricados detalhes da decoração doméstica.

Casas caribenhas

As pessoas não se limitam a se mudar de casa, às vezes elas mudam de país, e isso põe em foco o abismo potencial entre casa e terra natal. O ponto de partida desse exemplo é a fase inicial, anterior a tais separações. Aqui podemos retomar alguns dos temas anteriores sobre como casas objetificam valores, antes de seguirmos a migração para Londres. A perspectiva se divide, então, para examinarmos primeiro alguns daqueles que permanecem em Londres, e depois aqueles que se tornam migrantes na volta. Os exemplos são tirados das duas ilhas onde fiz trabalho de campo, Trinidad e Jamaica. No caso de Trinidad, o trabalho de campo foi intermitente, no decurso de vinte anos.[11] Ele começou com um ano vivendo na cidade de Chaguanas, perto do centro da ilha. Mas não fui o primeiro a escrever sobre essa cidade. Ela era a cidade natal do romancista V.S. Naipaul e cenário de vários de seus romances mais conhecidos, entre os quais aquele considerado por muitos o melhor, o ditosamente intitulado *Uma casa para o sr. Biswas*. Chaguanas não é exatamente um destino turístico e, por pura coincidência, uma das muito poucas construções que restam de um período anterior e que tem algum tipo de personalidade é a casa que serviu de cenário para a história contada por Naipaul.

Sempre admirei esse fantástico romance que, com uma pungência que eu nem sequer esperaria transmitir, logra captar um dos argumentos centrais deste meu livro e foi uma de minhas inspirações. O tema do romance é o desejo cada vez mais desesperado de objetificação por meio da casa própria. Ele se preocupa com a angústia do fracasso, a natureza patética das tentativas de objetificar quando vista pelas lentes de uma vida frustrada, com recursos limitados e um destino inclemente. O trágico fiasco que assombra Biswas vem do fato de ele viver numa sucessão de casas que não são dele e nas quais deixa poucas marcas. Sem uma casa própria, era impossível imaginar uma família, em especial uma linhagem descendente. O prólogo conclui com esses sentimentos:

> Maior que todas, porém, era esta casa, a casa dele. Como teria sido terrível, nesse momento, ficar sem ela: ter morrido entre os

> Tulsi, … ter deixado Shama e as crianças entre eles, num quarto. Ter vivido sem nem sequer tentar reivindicar uma porção da terra; ter vivido e morrido do mesmo jeito que nasceu, em vão e desacomodado.[12]

Embora ficção, o livro de Naipaul dá a esse tema abstrato personalidade e significado, e oferece uma ilustração perfeita dos argumentos desenvolvidos neste capítulo. Biswas termina com uma propriedade caindo aos pedaços, construída às pressas com material barato para lucro rápido, repleta de coisas fraudadas e de elementos não substanciais, mas, ainda assim, uma propriedade.

Na época em que cheguei a Chaguanas, em 1987, Trinidad tinha passado pelo auge da produção de petróleo, e a geração que se seguiu à de Biswas teve oportunidade de realizar esses sonhos, e a aproveitou. Eu trabalhei com quatro comunidades: uma área residencial relativamente rica, um setor de habitação governamental, um povoado incorporado à cidade e um acampamento de ocupantes irregulares na periferia da cidade. Entre outros recursos, tirei cerca de oitocentas fotografias de 128 salas de estar para fim de análise. A qualidade notável dessas salas de estar era sua homogeneidade. A mobília, frequentemente sofás e poltronas, tendiam a ser estofados em castanho ou em marrom, e essas cores eram as mesmas de muitos objetos, como cortinas, tapetes e outros. A maioria compreendia um conjunto de itens como o *economizador de espaço* – um conjunto de prateleiras abertas cheias de ornamentos e que faz mais ou menos o oposto do que o nome sugere. Em geral estava presente também um guarda-louça (armário de vidro com utensílios de cozinha e outros), homilias com ideais religiosos, flores artificiais de plástico, de hábito ainda dentro de suas embalagens empoeiradas.

Os temas de decoração em geral eram tapeçarias de imitação com florestas coníferas de um tipo que jamais cresceria em Trinidad. Temas religiosos como a Última Ceia também eram comuns, assim como os itens alusivos a mães, Dia das Mães e casamentos. Nunca pude me certificar se os negociantes que seguravam e bebiam canecas de cerveja a grande goles eram portugueses ou holandeses. O motivo isolado mais comum eram os cisnes, empoleirados em todo tipo de pedestal, de concreto, plástico, madeira e pedra, apesar de achar que jamais vislumbrei a ave propriamente dita em Trinidad. Em toda a parte, essa caracterização não correspondia ao nível de renda nem à área residencial. Assim, por exemplo, tanto trinitários ricos quanto pobres colecionavam quantidades de ornamentos baratos de cerâmica.

Há alguns temas claros nesses interiores: a preferência por coisas artificiais, por encher completamente os espaços, com conteúdos orientados para família, religião e educação. Acima de tudo, há revestimento e cobertura em tudo, desde capas de crochê para rolos de papel higiênico até *throws* (capas que cobrem os assentos dos sofás de modo que a gente não veja o móvel), os brinquedos continuam em seus sacos plásticos, e as rendas artificiais cobrem uma variedade de superfícies. Não é difícil perceber valores sociais mais amplos inscritos nessas coisas. Complementando coberturas e revestimentos, há rituais para penetrar ou ultrapassar essas camadas. Por exemplo, um dos revestimentos mais elaborados é a decoração de bolos, algo de profissional. As ocasiões em que essas camadas são cerimonialmente cortadas a faca constituem quase as únicas oportunidades em que é aceitável se beijar em público. Este e vários outros exemplos sugerem uma oposição mais geral entre, por um lado, sexualidade – e seu potencial de descobrir e expor – e a estética de revestir e cobrir, por outro. A sala de estar repleta de camadas e rendas, as fotografias de casamento e os diplomas colegiais nas paredes, tudo sinaliza o projeto de longevidade e respeitabilidade da família – exatamente os valores que são ameaçados pela sexualidade, associada com o exterior e a rua, o risco sempre presente do bacanal diruptivo apresentado no Capítulo 1.

Isso contamina outros gêneros de manifestação, além da própria casa. Inspirado por Naipaul, a intenção fora trabalhar com a casa. Porém, uma vez em Chaguanas, foi impossível não notar até que ponto a cidade era dominada pelo automóvel, ramo de atuação de 38 dos 176 estabelecimentos comerciais na área onde eu vivi. Havia oficinas e especialistas em autopeças, imperceptíveis ao lado de três oficinas especializadas em capotaria de automóveis, cujos donos ficaram ricos o bastante para se tornar proprietários de grande parte da área comercial. Além da tapeçaria doméstica do Natal, o comércio era sobretudo de capotaria de automóveis; as três maiores firmas simplesmente dominavam uma multidão de capotarias menores, fazendo disso talvez o maior setor comercial da cidade.

Durante o trabalho de campo, que transcorreu no período de recessão dos anos 1980, a capotaria dedicava-se sobretudo a reparos em veículos como táxis. No período do auge do petróleo, porém, os carros novos faziam suas primeiras excursões às capotarias, que tudo podiam transformar, de assentos a porta-malas, com opções como pele de cobra artificial ou tecido negro imitando couro com listras azuladas e prateadas, comercializadas com o nome de "New York by Night". Até o painel podia ser forrado; acrescentavam-se almofadas, tudo complementado por grande parafernália como perfumes, ícones religiosos e adesivos. Os carros também podiam ser feminilizados, com almofadas de cetim em forma de coração com babados cor-de-rosa projetando-se nas bordas e desenhos de flores ao centro. O grau das personalizações foi satirizado por um jornalista, que registrou como foi removendo os acréscimos feitos em seu recém-comprado carro de segunda mão:

> A forração de pele de tigre se foi no primeiro dia, como o plástico vermelho que cobria o volante; e também o patinho. Os emblemas JPS brancos duraram até o segundo dia, porém não mais; nem o adesivo "I love my Mazda". Agora, na lista para a aposentadoria estão: o coração, no painel, que acende uma luz vermelha com as palavras "Carícias de amor"; o par de luzes de cabine em verdinho bordel; as traves de luzes vermelhas acima da placa da frente, os faróis de milha com a inscrição Denji; e, finalmente, pelo menos uma das três antenas.[13]

A centralidade comercial da capotaria faz um pouquinho mais de sentido à luz da relação mais geral da população de Trinidad com os carros, que vai bem além do que alguém possa experimentar em Londres. Trata-se em parte de uma prática econômica localmente chamada de *pulling bull*,* que

---

* Literalmente, "puxar touro". Atividade nada fácil nem segura para os chamados *private hire taxi-drivers* (motoristas de táxis particulares) que em geral trabalham no transporte noturno em áreas não atendidas pelo serviço de táxi legalizado de Trinidad, evitadas pelas altas taxas de roubo e assassinato que apresentam. (N.T.)

consiste em usar carros particulares sem licença para trabalhar como táxi. A relação íntima com os carros, contudo, vai muito além da instrumentalidade. Em Trinidad, indivíduos podem ser localizados tanto pelo carro parado diante de casa quanto pelo número da casa. A imprensa local sempre divulga escândalos e insinuações relativas à propriedade de carros, como: "O apelido do líder é parecido com o nome de uma grande fruta popular local, e ele dirige um táxi que não é nem muito escuro nem muito claro";[14] ou menciona uma vítima de Aids "cujo marido dirige um Mazda". Varejistas, independentemente do ramo, em geral decidem suas expectativas em relação aos clientes que entram em suas lojas com base nos carros que dirigem, e assim se informam se o motorista do Laurel comprou tal coisa, se o que tem um Cressida nunca a compraria. Ocasionalmente, pessoas sabem coisas sobre outros indivíduos pelo número da placa do carro, mas não por seus nomes. Trinitários fazem fila com os carros em vez de andar a pé alguns metros para deixar uma criança na escola; ou ficam dentro do carro enquanto a criança brinca no parquinho. O proprietário de um automóvel treme horrorizado quando um passageiro bate a porta com força e, quando chega em casa, limpa cuidadosamente a banda de rodagem dos pneus.

Se os capoteiros se dedicam ao interior dos carros, também há outras oficinas nas ruas principais que desenvolvem os mesmos cuidados para o exterior do veículo, botando vidro fumê nas janelas, acrescentando listas à pintura exterior ou garantindo que o carro esteja atualizado segundo a última moda, ao substituir eixos de roda de cor metálica por brancos. Num exame mais minucioso, parecia que essa divisão em dois gêneros de produtos de beleza para os carros refletia a existência de dois grupos distintos de fregueses. Como acontece com inúmeros dualismos em Trinidad, estes se apresentam, inicialmente, em termos de estereótipos étnicos. Numa conversa, descreveu-se um indiano com anéis de ouro nos dedos e cabelos engomados penteados para trás que queria capotaria de veludo amassado; como só podia pagar veludo acrílico de felpa curta, teria passado o resto de seus dias escovando o estofado para ficar do jeito certo. Em contraste, havia o negro janota, supostamente acompanhado de sua *substituta* (amante), posto que o vidro fumê permitia que se imaginasse que ela estava lá, projetando a pessoa por meio do carro, graças à pintura externa e à altura do sistema de som.

Na análise da cultura material, um conjunto de formas estilísticas começa a fazer sentido quando pode ser visto em coerência com os outros. A dominância dos estofadores sugere que eles têm outros interiores a transformar, além dos carros. Uma extensão óbvia é o interior das casas. Aqui, mais uma vez, encontramos material coberto por camadas, mas os valores expressos também são mais claros. Menos óbvio era o vínculo com os velórios. Porém, eles se mostraram igualmente um mercado essencial para estofadores, já que os caixões e esquifes mais caros e luxuosos dispõem, quase invariavelmente, de acolchoamentos em capitonê. Juntar a estética da casa, do carro e dos caixões começa a explicar o significado dos estofadores. A transformação do interior dos carros os torna um veículo não somente no sentido de transportar pessoas, mas também valores. De forma específica, os valores do interior doméstico, que são valores familiares de longo prazo, podem ter continuidade do ponto de vista estético até depois da morte e por meio dela. Em total contraste, as oficinas dedicadas somente ao exterior dos carros servem de veículo para o individualismo e a mobilidade associados ao mundo fora do lar.

Desse ponto de vista, é possível observar como uma cidade dominada pela indústria de tapeçarias e estofamentos nos fornece insights a respeito das contradições mais amplas da sociedade trinitária. Por um lado, sobressai uma orientação para a família, para a reputação, a longo prazo, até o passado e a tradição, e até a acumulação, incluindo a educação que dá solidez à família. Esse agrupamento de valores pode ser chamado *transcendência*. Ele contrasta sistematicamente com uma constelação de valores que podem ser chamados *transitoriedade* – os mesmos valores debatidos em relação à moda no Capítulo 1 –, expressando sempre a conquista efêmera e temporária da liberdade. É uma identidade criada no momento da performance.

Isso, por sua vez, explica o modo como a vida trinitária gira em torno de duas festas-chave. Uma é o Carnaval. Outra é a decoração da casa para a celebração do Natal. Boa parte do rito de Natal consiste em comprar coisas para a sala de estar, esvaziando-a e arrumando-a até a véspera do dia de Natal; as cortinas são cerimonialmente penduradas de novo, como elementos que encerram a sala e a constituem como espaço determinado. Mesmo os rapazes que conhecem a vida das ruas, que vivem uma vida de transitoriedade, acham que devem reatar seu vínculo com a família durante a época do Natal, e ajudam nas decorações da casa. Um de meus momentos favoritos no trabalho de campo aconteceu quando um homem me usou como desculpa para não ajudar a esposa nas tarefas domésticas do Natal e me levou para a casa de sua *substituta*, onde ficou até o anoitecer – cumprindo as tarefas de Natal para a *substituta*, claro.

Se há um contraste sistemático de Natal e Carnaval, há também um ponto de transição claro entre os dois. Ele ocorre durante a "noite do Ano-velho" (véspera de Ano-novo), que começa com a mais importante missa do ano, arrematada pela mais importante festa do calendário. Assim, o estudo de trecos e dos padrões do que as pessoas fazem com trecos provavelmente é tão eficaz para revelar a tensão estrutural subjacente que objetifica a ordem cultural trinitária quanto qualquer coisa que os trinitários falem sobre si mesmos. Um indivíduo como o Biswas de Naipaul é tão obstinado em construir sua vida pela posse de uma casa porque a casa é fundamental para objetificar o conjunto de valores trinitários com os quais ele se identifica. Mas se Naipaul transmite brilhantemente a aspiração caribenha de se acomodar, na Trinidad contemporânea a tensão é expressa de maneira mais eloquente naquela sala de estar sobre rodas, pesadamente estofada e atapetada, que chamamos carro: essa mesma população deseja, por um lado, manter os valores familiares, mas, por outro, também está cada vez mais tentada pelo fascínio da mobilidade do automóvel e sua promessa de liberdade em relação à casa e à família.

A análise de casa e carro ilustra o modo pelo qual a cultura material é estudada como processo de objetificação de valores. Mas ela faz um retrato estático, baseado em etnografia. A partir desse ponto de partida, podemos decolar, como fizeram tantas pessoas de Trinidad, e viajar no tempo e no espaço, até os trinitários que migraram para Londres a partir dos anos 1950. Não surpreende encontrarmos em Londres uma síntese dinâmica das duas regiões, à medida que, no transcorrer de uma geração, os jovens não sabem bem o que vem de onde. Por exemplo, muitos londrinos mais jovens de origem caribenha pensam na sala de estar ou living como uma espécie de espaço sagrado, um lugar que lhes seria proibido, exceto aos domingos. Contudo, isso pouco deve a qualquer coisa que tenha a ver com o Caribe; relaciona-se mais às tradições da classe operária britânica. Na busca de conquistar respeitabilidade em Londres, os migrantes copiaram a tradição da sala de visitas, um espaço de respeitabilidade rarissimamente usado, exceto no Natal ou para visitantes muito especiais.

O interior das casas não liga muito se seus conteúdos se relacionam a qualquer tradição particular. Uma exposição evocando o interior dos lares da imigração justapõe *reggae* e Jim Reeves, suvenires de Santa Lúcia com suvenires da orla marítima britânica.[15] Hoje vigora uma moda de raízes: a ideia de que permanecer fiel às mais antigas tradições fortalece a resistência contra o racismo e a opressão enfrentados em função do processo migratório. Na verdade, isso é altamente improvável, e uma das descrições do livro *The Comfort of Things* dá um exemplo claro de por quê.[16] Os valores que sustentam a respeitabilidade das tradições caribenhas no seio da família extensa podem resultar somente em solidão e no surgimento da indiferença, em Londres. O que chamamos raízes são provavelmente parte integrante de um tipo de vida. Se pessoas desejam proteger algo desse tipo de vida, é provável que uma síntese criativa sensível à mudança de contexto seja mais efetiva que sua pura manutenção, ou algum modelo imposto por um conjunto de circunstâncias.

O mundo, contudo, não é tão liberal, e a ponta final dessa história, até agora, surge quando alguns desses mesmos migrantes caribenhos, confrontados com problemas tais como racismo em Londres, decidem voltar para o Caribe, ou seguem sua intenção original de voltar aposentados ao lugar de origem.

Tenho aqui uma dívida de gratidão com Heather Horst, cujo doutorado dizia respeito aos migrantes que haviam retornado do Reino Unido para a Jamaica.[17] Quando seu trabalho for publicado, espero que tenha na folha de rosto um dos túmulos que ela me mostrou na Jamaica Central agrícola. O túmulo em questão tomou a forma de uma bem-esmerada casa de concreto em miniatura, com acabamento de portas, janelas e empenas. Parecia mais uma casa de bonecas que o abrigo de um cadáver. Alguns desses túmulos têm cercas de ferro batido no mesmo estilo daquelas que rodeiam as casas de verdade. Heather Horst interpreta esses túmulos como marcos do fim de uma longa jornada de volta para casa, aspirada em vida, mas só concretizada na morte.

Para a maioria dos jamaicanos, o projeto de construir uma casa não era um ato único, algo que se fizesse de uma vez só. A maioria só pôde construir sua própria casa em etapas. À medida que o dinheiro se acumulava, a pessoa deitava a fundação para uma nova peça, terminava o piso de outra. Construir a casa era o trabalho de uma vida inteira e tornou-se, por sua vez, o modo principal pelo qual a própria vida era marcada como progressão. Apesar de toda a pressão da Igreja, não era ter filhos que levava as pessoas a se casar; era a capacidade de ter algum tipo de casa própria. A associação íntima entre vida e construção de uma casa se complica quando o jamaicano migra para Londres. A maioria dos jamaicanos, considerando a natureza da educação e da governança coloniais, passou a encarar a Grã-Bretanha como uma espécie de segundo lar, como fonte de sua identidade cultural. Na prática, na Grã-Bretanha, eles passaram por um repúdio às vezes violento ao que antes viram como sua identidade britânica.

Em muitos casos, isso reforçou a intenção inicial de voltar aposentado para a Jamaica. Bem mais de 20 mil fizeram essa viagem. Uma vez de volta, porém, eles enfrentaram uma segunda e até mais inesperada rejeição. Horst descobriu que a tendência era de migrar e não voltar aos distritos de origem, mas ir para o interior, para a região relativamente mais fresca e abastada da Jamaica Central, que de algum modo parece mais inglesa. Além disso, com décadas de exílio, os migrantes tinham desenvolvido uma afeição por certos elementos da vida britânica, como um jardim ao estilo inglês. Chegada a hora, revelou-se que os que tinham ficado no país viam esses migrantes retornados como ingleses, e não como jamaicanos. Preocupavam-se que os retornados mais ricos reivindicassem terras e autoridade à sua custa. As pessoas que não conseguiram se tornar inglesas pela migração para a Inglaterra descobriram que, no momento em que finalmente alcançaram esse objetivo, ele já não era mais desejado. Muitos sentiram que não estavam mais em casa em Londres nem na Jamaica.

Se não puderam criar um lar com um sentido de terra natal, mais uma vez foi a casa que eles procuraram transformar em lar. Um dos principais incentivos por trás da migração inicial foi ganhar o tipo de salário que possibilitasse a essas pessoas construir a casa que não conseguiram edificar com as rendas locais. Os assentamentos nas terras altas da Jamaica Central são repletos dessas casas: moradias cuja escala e estilo são instantaneamente reconhecidos como não jamaicanos, mas como casas de "retornados". Confrontados com o fracasso inicial de voltar a ser jamaicanos, muitos dos migrantes retornados, segundo Horst, despendiam parte cada vez maior de seu tempo se envolvendo na organização de funerais altamente elaborados. Foi somente na morte, enterrados sob o solo, debaixo daqueles modelos em miniatura da casa perfeita, que o retorno final à Jamaica se completou com êxito. Um retorno abençoado pela fé profunda em outro retorno final ao lugar celestial de origem.

Os túmulos são o ponto final de um capítulo que começou com a apresentação do Modernismo como ideologia na história da habitação em Londres, um capítulo cuja intenção foi exemplificar as consequências das ideias teóricas elaboradas no texto anterior. O resultado, assim espero, é uma absoluta confusão. Começamos a nos mover no interior de uma teoria escrupulosa, precisa e recém-construída – minimalista e austera. Pela dialética pura, finalmente ponderamos que sujeitos e objetos só existem pelo processo de objetificação em que cada um constrói o outro. Essa é uma teoria absoluta, que nos dará domínio sobre a explicação e a compreensão. O problema é que, tão logo mobiliamos nossa teoria de exemplos, eles viram tudo de cabeça para baixo. Os estudos de caso agora estão espalhados por toda parte, na maior confusão.

Na verdade, a teoria ainda está lá, se você fizer esforço suficiente para vê-la. Seja o sr. Biswas, Georgina, as babás eslovacas em Londres ou os migrantes caribenhos, todos tentam se empenhar para ser acomodatício, assim como para ser acomodados. Todos procuram se encontrar, enraizar-se, criar descendência familiar ou apenas uma família decente por meio do treco que é a casa. A casa é sem dúvida um instrumento poderoso de objetificação. Mas muito raramente tem realização simples, muito menos heroica. Quase nunca o resultado é um reflexo claro das intenções do ator humano. O processo de acomodar-se vê-se bombardeado por um dilúvio de outros fatores: a agência da casa ela mesma, assombrada ou não; os ditames do Estado; a profissão da arquitetura; os limites de recursos; as discussões entre casais; a recusa das pessoas que não o querem aceitar de volta como jamaicano; a superioridade de uma casa em relação ao próprio sentido estético do morador; a contradição entre móveis antigos e réplicas; a tentativa de aderir a raízes que o atraiçoam.

Assim, a casa como forma de objetificação nos suga para um remoinho de interesses de poder e educacionais que muitas vezes nos fazem sentir comparativamente impotentes. Porém, reconhecer essas forças – governos, pressões de pares, assimetrias do poder de gênero e de classe – não significa que agora vejamos as pessoas como suas vítimas passivas. Testemunhamos todo tipo de respostas criativas a esses violentos ataques, com frequência expressas em objetos materiais, abarrotando espaços de ornamentos pessoais ou simplesmente ignorando o conselho administrativo local ao derrubar uma parede interna.

O interior das casas muitas vezes é uma bagunça porque as concessões que temos de fazer à autoridade e os compromissos que devemos firmar com ela se acrescentam àqueles que resultam de outro dos componentes críticos da teoria dialética: a centralidade da contradição no tocante à cultura. Trinidad não deve ser entendida como um conjunto esmagador de valores, mas como uma tensão constante entre valores diametralmente opostos. Londres não é modernista nem suburbana, mas uma tensão entre os dois. Como a relação entre as aspirações de um indivíduo e a coletividade representada quando falamos a palavra coletiva *trinitários* é uma tensão insolúvel, não surpreende que, ao pesquisarmos lares e casas reais, encontremos cenários trágicos, patéticos ou só resolvidos pela morte. Entretanto, como foi esclarecido em *The Comfort of Things*, na maior parte das vezes, as casas emergem como algum tipo de lógica expressiva que de fato objetifica seus habitantes, o que, nessas circunstâncias, é um tipo de triunfo.

Decorre mais uma conclusão.[18] Exceto pelo primeiro exemplo – do Modernismo e dos subúrbios como fachadas –, todos os indícios deste capítulo dependem de uma disposição para adentrar o domínio privado de outras pessoas. Para estudar trecos, precisamos estar onde está o treco. Bem ali, na sala de estar, no banheiro, no quarto, na cozinha. É aí que se vive a maior parte da vida moderna. Famílias são criadas em quartos de dormir e às vezes lá se divorciam. Memórias e aspirações estão expostas em fotografias e mobílias. Sim, observando atentamente um guarda-roupa, você pode ser acusado de voyeurismo, de falta de respeito pela privacidade. Porém, a maioria das pessoas encara seu antropólogo na cozinha, e não de pé, à soleira da porta, com uma caneta e uma prancheta na mão. Assim, se por acaso você vir antropólogos perdidos, molhados de chuva, à procura de uma sala de estar seca para nela realizar uma pesquisa, seja gentil, ofereça-lhes uma xícara de chá, e eles o ouvirão o dia inteiro, demonstrando muito mais respeito por sua escolha de papel de parede.

4. Mídia: cultura imaterial e antropologia aplicada

Não há sentido em acrescentar a mídia às roupas e às casas. Para começar, a mídia é um tanto menos óbvia que uma coisa material, e tem mais cabimento tratá-la como forma de tecnologia. Deve-se também mencionar o comércio, bastante desdenhado até agora. Talvez o mais importante, porém: até aqui não questionei o porquê de todos esses assuntos – além da curiosidade intelectual de pesquisadores. Tais estudos podem levar a uma tentativa de intervir, aconselhar e assumir responsabilidades diante desses novos entendimentos? A pesquisa da cultura material trará contribuições para o bem-estar das populações? Basicamente, podemos começar a nos tornar um pouquinho úteis? Assim, este capítulo termina numa nota mais aplicada, interessada na colaboração que os insights produzidos pelo estudo de trecos pode dar para mitigar a pobreza.

Mas vamos começar com a tecnologia. Que tipo de treco é a tecnologia da comunicação? Por exemplo, decidimos que queremos iniciar um debate sobre a internet, mas o que é a internet?[1] Ao usar a palavra internet, devemos esquecer a configuração sempre mutável das coisas que as pessoas fazem on-line. Os primeiros gêneros de uso da internet, associados a atividades tais como *flaming*,* quase desapareceram. Hoje, há algumas regiões em que as pessoas nada sabem sobre surfar em busca de informações, e veem a internet como um espaço de bate-papo; ao passo que em outras elas surfam, mas não batem papo. A internet não é uma coisa e não tem forma material clara, exceto através da caixa e da tela que é o computador. A internet não é um de seus usos particulares. Antes, é uma palavra que empregamos para consolidar gêneros de uso conectados por acesso on-line. Ela deve ser considerada, portanto, em termos das capacidades que lhe parecem inerentes, em seu uso efetivo, ou talvez do modo como ela é compreendida – o que interpretamos como seu significado quando utilizamos a palavra internet?

Até a conexão física com o computador sucumbe depressa. Essa associação funciona em muitos países, mas, quando estudada na Jamaica, logo se tornou claro que nenhuma família de baixa renda tinha meios para comprar um computador, então a própria ideia de bater papo on-line, ou de surfar, foi vista sobretudo como um atributo do telefone celular. Para pessoas como eu, habituadas a teclados, bater papo no dedão parece algo desajeitado. Mas os jamaicanos simplesmente não encaravam seus telefones com internet nesses termos relativos. Eles se entusiasmavam ao ver sua primeira sala de bate-papo num telefone celular, seu primeiro *download* de música e todo tipo de informação obscura. A previsão do tempo na Jamaica e em Nova York decerto nunca fora tão excitante.

---

* Chama-se de *flaming* um tipo de interação hostil entre usuários da internet, em geral desencadeado por indivíduos especificamente motivados para tal, chamados *flamers*. (N.T.)

Podemos nos sentir mais à vontade nos voltando para a ideia de uso inerente. Aqui, os indícios na Jamaica apontam na direção oposta, pois de fato eu não tinha nenhuma ideia do que seria o uso inerente de um telefone celular até ir trabalhar nesse país.[2] Em Londres, apesar de quase todos terem celular, a maioria emprega-o apenas como ferramenta para fazer chamadas telefônicas. Outros, em geral muito menos que os almejados pelas empresas de telefonia, se interessam pela capacidade embutida nos telefones de surfar na internet, ou de enviar vídeos. Na Jamaica, em contraste, muitas pessoas que possuem celulares deixaram de portar relógio. Por que se aborrecer se o celular pode dar a hora e tocar um despertador ou alarme? Com facilidade muito maior para apreciar as vantagens de *trecos gratuitos*, os jamaicanos tomam posse de uma multidão de características secundárias. Um celular é uma calculadora cômoda e à mão, muitas vezes uma agenda, um calendário, e certamente o principal meio de armazenar contatos e construir sua rede social pessoal. Ele pode gravar pequenas anotações para ajudar na microadministração do trabalho ou de assuntos pessoais. As crianças jogam, como em Londres. Mas foi na Jamaica que encontramos gente fazendo pornografia explícita com habilidade, pixel a pixel, enviada por telefone, embora os resultados impressionassem mais pela engenhosidade que pelo realismo.

Muitos jamaicanos viajam com seus celulares na palma da mão. Alguns o exploram como moda, mudando a capa para combinar com as roupas. Inúmeras mulheres preferem pequeninos telefones cor-de-rosa em forma de concha. Isso também pode ocorrer em Londres, mas não há ninguém na minha vizinhança que se pareça com aquela lojista de Kingston que sempre guardava seu telefone entre os seios. Os homens, como disse alguém, também podem querer "o telefone mais perverso, o mais chamativo e caro". As crianças de escola combinam estilos, de modo a fingir ser "a namorada e o namorado através de seus telefones".

Depois, há os toques que revestem realmente o telefone. O Natal religioso, por exemplo, sempre apresenta hinos comuns e músicas religiosas para tornar os telefones mais adequados. Meu favorito era um pregador aspirante que, sem nenhum traço de ironia, inclui a canção "Oh God you are the only One, that's why I am holding so long". A facilidade de atribuir toques a chamadas específicas também atrai aqueles cujo uso do telefone é dominado pela ideia de manter diferentes relacionamentos. Alguns até tentam combinar o toque com o que veem como a personalidade daquele que chama, como uma canção "amargurada" para o ex-namorado persistente. Os jamaicanos se mostraram igualmente adeptos do potencial de performance ao falar ao telefone. Um rapaz, num ônibus lotado, sentado com uma companheira de cada lado, recebe o telefonema de uma terceira mulher. Ele fala o mais alto possível, chamando a atenção para suas três mulheres e celebrando o aborrecimento e o ciúme de uma delas, que o cutuca e tenta fazê-lo parar. Quando um homem recebe uma chamada num bar, talvez ele continue ali mesmo, pois quer que as pessoas ouçam a conversa; ou talvez saia, porque não quer que a ouçam; ou quem sabe saia para que pensem que ele tem alguma coisa que não quer que os outros ouçam.

Assim, o problema da ideia de capacidade inerente é que em geral não a conhecemos até ela ter se manifestado em uso e significado. Temos conhecimento de muitos casos, como as mensagens de texto, em que algo foi embutido como capacidade, mas os gêneros culturais que daí nasceram nunca foram antecipados pelos projetistas. Nas Filipinas, um relacionamento não é um relacionamento se não houver pelo menos de vinte a 120 torpedos por dia; isso não é uma capacidade inerente, mas tampouco uma tradição filipina. É algo novo. Mensagens de texto transformaram profundamente o que significa ser filipino, pois enviar torpedos tornou-se uma prática quase dominante o dia inteiro e redefiniu o que são os relacionamentos.

Há, portanto, um modo mais sofisticado de vermos essas ideias de usos, capacidades e tecnologia?[3] A antropologia pode contribuir com sua própria compreensão do que queremos dizer por tecnologia se estivermos preparados para ver telefones celulares em pé de igualdade com o modo como os ilhéus trobiandenses usam palavras mágicas para favorecer as colheitas em seus jardins. Baseado em suas reflexões sobre um livro de Malinowski intitulado *Coral Gardens and Their Magic*,[4] Alfred Gell escreveu um conhecido artigo intitulado "The technology of enchantment and the enchantment of technology" que se tornou precursor de seu maravilhoso livro *Art and Agency*.[5] É uma abordagem muito apropriada de tópicos como internet e telefone. Ele observou que, se você está interessado na tecnologia, digamos, de uma armadilha para animais, ela deve ser desenhada em função da forma, mas também do comportamento do animal particular que você quer capturar. Por exemplo, se quiser me capturar, eu recomendo chocolate.

A internet é mais bem-compreendida não como tecnologia, mas como uma plataforma que habilita pessoas a criar tecnologias, as quais, por sua vez, são desenhadas para funções particulares. Assim, o que as pessoas tecem a partir das fibras da internet são armadilhas que usam para capturar tipos particulares de surfistas passantes. Essas armadilhas exigem um desenho que atraia interesse, atenção e consideração, e, por meio disso, que seduza suas vítimas específicas. Quando comecei a observar sites da internet, de início notei que havia um gênero particularmente cru e feio. Eram os sites dos atacadistas trinitários. Contudo, é nessa feiura que se pode ver a tecnologia em operação. Quando estavam desenvolvendo pela primeira vez os sites da internet em Trinidad, um dos problemas era que algo que fosse para a rede podia ser visto por qualquer pessoa indiscriminadamente. Porém, se você for atacadista, chamar a atenção de consumidores individuais era um imenso desperdício de tempo. Se possível, é melhor dispensá-los. Em contraste, a falta de um projeto estilístico envia uma mensagem que eles querem que seja entendida pelos varejistas, seu público-alvo: o dinheiro não deve ser desperdiçado nesse tipo de superficialidade vazia. Ao contrário, aquela será a mais barata fonte dos artigos em questão. A armadilha é projetada para capturar e manter aqueles animais varejistas, e não qualquer outro.

No extremo oposto do espectro está aquele conjunto de sites positivamente barrocos em sua ornamentação. Assim que entra neles, você é assaltado pelo som de MP3, visto que a música é um dos aspectos mais importantes da decoração. Há também uma inflação de cores, não imóveis, mas deslocando-se enquanto coisas fazem *pop-up*, se abrem, convidam, surpreendem e brincam com o espectador. Em algum lugar, sob tudo isso, talvez haja uma foto ou imagem revelando uma garota ou garoto de escola, que, não fosse por isso, talvez sejam tímidos – pois se tratava de sites que circulavam, antes das redes sociais, como sites pessoais de adolescentes. Nesse caso, eles viviam em competição feroz, não para vender alguma coisa, mas para demonstrar, de maneira vicária, o quanto o indivíduo era atraente e quão popular podia ser entre seus pares. A função-chave do site era uma seção que pedia a todos que o visitassem que assinassem no fim, que fizessem um comentário. Isso criava uma demonstração visual de quantas pessoas tinham se sentido atraídas o bastante para postar alguma coisa no site, talvez algo contra a horrível Charlene, que ocupava a carteira ao lado e nunca seria nem deveria ser tão popular, nem na internet. Hoje esses sites foram engolidos pelas redes sociais. Você precisa ter mais amigos no Facebook que seus colegas. Também deve ter uma foto sua agarrada à bolsa, o rímel escorrendo, dormindo no corredor do albergue de estudantes, já que estava bêbada demais para chegar ao quarto. De outro modo, você simplesmente nunca frequentou a universidade.

Assim, logo deixamos de pensar em tecnologias da comunicação apenas como coisas, ou capacidades, e começamos a vê-las como análogas à arte da sedução: modos de nos fazer parecer atraentes para a pessoa com quem nos comunicamos. Claro, a sedução é apenas uma das muitas coisas que estão em jogo aqui. A questão mais ampla é que as tecnologias de comunicação são essencialmente gêneros culturais, e que a melhor maneira de apreciá-las é comparável à que usamos para outros gêneros culturais. Isso nos leva de volta ao nosso tema constante: uma abordagem de cultura material é definida por essa dialética de criação recíproca. Não podemos simplesmente perguntar, como a maioria das pessoas faz, "Como os trinitários ou como os jamaicanos usam o telefone?", pois tal formulação implica que uma das pontas da equação, a pessoa, é uma entidade fixa.

Um trinitário que usa a internet é, pelo menos em alguma pequena medida, um tipo de entidade diferente de um trinitário que não a use. O que talvez até equivalha a uma mudança no que queremos dizer mais genericamente quando usamos o termo geral *trinitário*. Um gênero cultural é algo que podemos apreciar como alguma coisa que faz dos trinitários o que eles são, na mesma medida que faz da internet trinitária o que ela é. Na próxima seção, iremos explorar outra analogia inesperada a fim de avaliar o que queremos dizer com a expressão gênero cultural. Logo que a internet surgiu, mas quando já se desenvolvera o bastante para tentarmos elaborar com que tipo de animal estávamos lidando, trabalhei com Don Slater numa ampla gama de gêneros de uso, para ver qual deles nos ajudaria mais a compreendê-la. De modo espantoso, descobrimos que a forma mais efetiva de apreciar aquilo que a internet já se tornara seria pelo nosso estudo sobre o uso da internet na religião trinitária.[6]

Transformando os trinitários em internautas e suplicantes

Como forma de resumir nossas descobertas sobre como a internet tinha mudado a vida das pessoas em Trinidad, propusemos quatro modos principais de transformação. Quando um novo modo entra em cena, o primeiro e mais importante impacto não tende a ser algo radicalmente novo. Antes, a tendência é lançar mão da rede a fim de realizar, enfim, algum desejo já presente, mas até então frustrado, porque as pessoas não tinham meio de realizá-lo. Por exemplo, a comunidade hindu de Trinidad se via como uma parte potencialmente significativa da diáspora global hindu, mas sentia-se na periferia dessa comunidade crescente. A internet foi então apropriada como meio de afirmar uma presença maior. De maneira semelhante, muitos cristãos queriam fazer parte da diocese da catedral de Port of Spain, a capital de Trinidad, mas às vezes viviam longe demais, até no estrangeiro. Usando a internet, eles puderam se envolver mais ativamente nesse lugar específico. Em cada um desses casos, as pessoas interessadas já haviam formulado seus desejos, mas até o momento não dispunham dos meios para realizar essa percepção de si mesmos. Finalmente, graças à internet, posso alcançar meu objetivo antes frustrado de tornar-me… eu. Essa é, em geral, a primeira consequência de qualquer nova tecnologia vista como um gênero cultural.

No segundo caso, observamos o modo como a mídia cria novas liberdades, mas também a necessidade de outros controles. Por exemplo, a Igreja Católica tem uma hierarquia tradicional, e a palavra do papa ressoa na população por meio de vários intermediários, como bispos e padres. Com a chegada da internet, um leigo tem acesso direto e instantâneo ao centro, sem mediação. Da mesma forma, jovens mulheres muçulmanas puderam questionar a autoridade de um ímã local, por exemplo, sobre o que estariam ou não autorizadas a fazer como parte de seu casamento, acompanhando discussões postadas na rede. Assim, estruturas e hierarquias tradicionais foram desafiadas. Ao mesmo tempo, porém, alguns poucos entre aqueles que formam essas organizações religiosas passaram a querer que tais iniciativas se desintegrassem. Um site pentecostal de início deu boa acolhida à possibilidade de todos postarem ideias e comentários, depois, contudo, insistiu em que fossem filtrados pelos "anciãos".

A narrativa clássica dessa contradição entre liberdade e controle se transformou num ensaio chamado "A rape in cyberspace", de Dibbell.[7] Ele conta como a internet, no começo, foi vista pelos usuários californianos como uma bem-vinda libertação de toda e qualquer autoridade. Ela representava um lugar onde as pessoas podiam escolher o que desejavam ser, muitas vezes lançando mão de avatares, isto é, aparências on-line de si mesmas, ideia que desde então se tornou mais familiar com a ascensão do Second Life.* Então os usuários estudados por Dibbell descobriram que um membro pernicioso tinha desenvolvido uma maneira de tomar o controle do avatar de outras pessoas e os levava a fazer coisas "indizíveis" uns com os outros. De repente, todos os californianos recém-libertados estavam desesperadamente à cata de uma versão qualquer de polícia da internet. Esta é a segunda consequência de uma nova tecnologia. Exploramos coisas novas, muitas vezes experimentamos novas liberdades, mas isso também induz ansiedades quanto ao controle sobre como essas liberdades e capacidades serão empregadas.

No terceiro modelo de uso da internet, examinamos o modo como se vê a mediação da mídia. Por exemplo, um grupo de católicos carismáticos, moradores de diferentes ilhas, tinha desenvolvido uma forma de "jornada espiritual" em que ajudavam uns aos outros a aprofundar sua pesquisa sobre a fé. Como observou uma mulher, a internet ajudou enormemente. Primeiro, para as mulheres, em geral, havia vantagem no fato

---

* No link "O que é o Second Life?", do site https://secondlife.com/?lang=pt-BR, consta a seguinte explicação: "O Second Life é um mundo em 3D no qual todas as pessoas que você vê são reais e todos os lugares que você visita são construídos por gente como você." (N.T.)

de elas se sentirem liberadas da preocupação com a aparência física. Mais profunda, porém, era a escala de tempo da internet. Antes os membros do grupo tinham de usar cartas, mas quando a resposta era recebida, engendrando o debate, em geral as pessoas já haviam avançado da posição em que estavam no momento da carta inicial. Em contraste, no diálogo face a face, as pessoas se sentiam pressionadas a responder de imediato, sem tempo suficiente para refletir sobre o que fora pesquisado em relação a questões muito profundas. A internet parecia permitir, pela primeira vez, uma escala de tempo apropriada. Podia-se receber uma mensagem, ponderar e refletir até que a resposta tivesse sido apropriadamente formulada, e depois enviá-la com um intervalo de tempo que ainda representava um diálogo ativo.

A religião também propiciava que as pessoas considerassem explicitamente a materialidade da mídia como mediação. Por exemplo, os mesmos católicos iniciaram um acalorado debate para saber se a internet podia ser usada para as confissões. Alguns argumentavam que, mesmo na igreja, havia uma tela entre o confessor e o penitente, e isso parecia sugerir que a internet tinha um claro precedente, sendo portanto apropriada. Contudo, outros achavam que o padre ainda devia estar presente para dar a absolvição, não sendo possível empregar a internet no processo. Assim, a qualidade essencial específica desse meio, suas várias formas de materialidade, era de significado considerável para pessoas que debatiam as mesmas questões como parte integrante de seu compromisso religioso. Nesse terceiro caso, reconhecemos a materialidade específica do meio e o impacto que ele tem na comunicação.

O primeiro modelo sugere que o uso inicial da internet se baseia na realização de desejos previamente existentes. Contudo, a internet também pode criar uma nova imaginação, algo sem precedentes, pensamentos que dificilmente seriam concebíveis sem essa tecnologia. Isso ficou mais claro no caso de uma Igreja Apostólica, em parte porque se adequava à sua teologia fundamental. Por que Deus havia criado a internet naquela ocasião? Para eles, nada do que acontecia no mundo deixava de ter significado divino. Cabia sempre discernir o desígnio de Deus. Eles argumentavam que o propósito da Igreja era divulgar "a palavra de Deus", e que todos os novos desenvolvimentos tecnológicos eram planejados para facilitar esse mandamento. Assim, como o capitalismo se mostrava bem-sucedido no mundo, tentaram usá-lo como modelo de como deveria ser sua Igreja, uma espécie de empreendimento. Acreditavam que Deus tinha inventado a internet naquele momento para eles. A única questão era em que estaria pensando Deus ao fazê-lo justo naquela hora. Assim, num curto espaço de tempo, eles renomearam sua igreja para A Rede do Grande Aperfeiçoamento Mundial. Abandonaram os serviços baseados em relações face a face e adotaram uma Igreja fundamentada na internet, com serviços de rede. O aspecto mais importante era que a internet facilitava a conectividade internacional e global, e isso foi visto pela Igreja como um sinal seguro de que em breve sua mensagem teria se tornado global. Graças à internet, finalmente cumpririam seu desígnio de divulgar o plano de Deus para todo o planeta.

Esses quatro processos ilustram o que as pessoas podem se tornar com a internet – ou, para falar nos termos deste volume, ilustram a natureza da internet como forma de objetificação. Inicialmente, as pessoas se empenham em se tornar o que antes não foram capazes de realizar. Depois, adquirem uma nova imagem de si mesmas como pessoas que antes não tinham consciência do que poderiam vir a ser. Cada um desses processos advém com suas próprias contradições, sendo a mais plenamente observada aquela entre liberdade e coação, mas presentes em todos os casos. A ideia de que a objetificação cria tanto seu sujeito quanto seus objetos parece aqui mais concreta. Não que os trinitários usem a internet, nem que a internet crie os trinitários. A internet trinitária é algo distinto de todas as demais e torna os trinitários que usam a internet algo além das formas anteriores de ser trinitário. Há novas relações, novas aspirações e novos idiomas, assim como novas tecnologias.

Falar em termos de um novo tipo de trinitário não se reduz à transformação de um indivíduo, mas implica o próprio significado da palavra trinitário. Às vezes a capacidade que a mídia tem de assumir a forma pela qual as pessoas refletem sobre quem elas são fica muito explícita. Para avaliar esse processo, vamos nos desviar desse interesse pela nova mídia e estudar, antes, um meio mais antigo, a televisão.[8] Durante minha primeira pesquisa em Trinidad, o programa mais popular da televisão era de longe uma novela importada dos Estados Unidos, chamada *The Young and the Restless*. Muitas novelas eram exibidas em Trinidad, e quando *The Young and the Restless* estreou na hora do almoço, ninguém esperava que alcançasse a mesma importância de séries como *Dinastia* e *Dallas*. Mas os trinitários deram mostra de considerável engenhosidade para assistir ao programa. Começou um grande comércio de televisões em miniatura importadas, que podem ser ligadas em lojas e escritórios. Os que viviam em comunidades de ocupantes ilegais sem água nem eletricidade recarregavam a bateria do carro semanalmente para alimentar a televisão em suas casas. Não pude deixar de estudar a novela, pois descobri que, durante uma hora por dia, ninguém falaria comigo. Fiquei condenado a estudá-los assistindo à novela. Amigas que trabalhavam como costureiras eram obrigadas a assistir ao programa para saber o tipo de roupa nova que seus clientes estavam prestes a encomendar.

Uma das descobertas mais intrigantes foi sobre o modo como a novela era mencionada e usada na conversa cotidiana. Antropólogos ficarão atentos a velhos adágios e ditos que pareçam captar certo sentido de expectativa cultural. Mas foi justo nos momentos em que se esperava um desses ditos tradicionais que ouvimos comentários sobre a novela.

> A mesma coisa que você está vendo na novela vai acontecer aqui, a gente vê a esposa chantageando o marido ou o contrário; eu estava dizendo à minha cunhada, a Liana da novela é igualzinha a uma Mulher Bacanal.

> Acho que o casamento devia ser meio a meio, não trinta a setenta. A mulher tem que ser forte, ela tem que acreditar em seus juramentos, não importa o que… Isso me faz lembrar *The Young and the Restless*, Nichy quer que seu casamento dê certo, mas Victor está apaixonado por outra, e ela continua firme.

> [Conforme uma história então corrente] Você sempre volta para a primeira pessoa que amou; na minha própria família, minha irmã mais velha começou a sair com um rapaz muçulmano, e aí os pais a deram em casamento a um homem hindu, mas ela deixou o marido, voltou para o primeiro homem e teve um filho com ele.

Em Trinidad, os comentários comezinhos são dominados por canções que compositores e cantores de calipso apresentam para o Carnaval. Fiel à convenção naquele ano, um cantor chamado Contender mostrou as razões do sucesso da novela no refrão de um calipso com o mesmo título do melodrama, cujo conteúdo era um sumário da trama. O refrão alternava "Você fala de *commess*,*/ dê uma olhada em jovens e inquietos [do título da novela]", com as palavras "Eles gostam de bacanal/ eles gostam de confusão".

Se alguém pedir a um trinitário que resuma seu país em uma palavra, é provável que a resposta seja *bacanal*. O termo tem um significado específico em Trinidad, embora, como em outros lugares, evoque os valores celebrados no Carnaval: um incremento geral de excitação, desordem e sexualidade. É o mesmo espírito que motiva o *Jouvert* evocado no Capítulo 1. A ideia é que as pessoas se revelam à aurora como "verdade", por meio da exposição satírica que fazem das pretensões da ordem estabelecida. A questão assinalada previamente contra nosso conceito de superficialidade era que a verdade deveria estar na superfície, onde as pessoas pudessem vê-la. O primeiro sinônimo para *bacanal* é "escândalo", e isso está nas letras de canções como "Mulher *Bacanal*, doce escândalo em que ela passeia", ou "Nós gostamos de escândalo. Nós gostamos de *bacanal*". Escândalo, mais uma vez, implica trazer à luz o que outros desejam esconder. Bacanal também conota confusão, desordem e licenciosidade. As duas ideias são vinculadas por termos como *commess*, que também significa a confusão extrema causada pelo escândalo.

* A gíria trinitária *commess* significa situação perturbadora, confusa e conflituosa associada a fofoca, revelações, difamação. (N.T.)

A popularidade da novela faz sentido nesse contexto. Trinidad é uma sociedade extraordinariamente dinâmica. A explosão econômica do petróleo deu um tremendo impulso à classe média, e foi nesse período que ela emergiu, dominante numérica e culturalmente. Com a recessão, entretanto, muitas das presunções mais frágeis do elemento *nouveau* no seio dessa classe foram expostas. Havia um discurso constante sobre a difícil situação financeira por trás das portas fechadas dos lares, só trazida à luz por acontecimentos como o corte do telefone pelo não pagamento das contas. Mesmo nas comunidades suburbanas havia rumores frequentes sobre quantas propriedades tinham voltado às mãos dos bancos ou foram abandonadas por aqueles que migraram para o Canadá. Assim, pautando-se em revelações escandalosas, a novela não era apascentadora. A atração do programa é que ele forçava a entrada de seu tema pelas fissuras que manifestavam as contradições básicas da cultura trinitária num momento no qual ela se mostrava extremamente sensível.

É precisamente por isso que a televisão trinitária não podia produzir um programa daquele tipo. Sempre resguardada ou protegida como um produto local, ela devia promover o debate respeitável e sério sobre coisas como problemas de planejamento ministerial. Deixava-se aos programas importados lidar com os problemas altamente sensíveis e difíceis como os enfrentados na vida cotidiana. A novela podia não parecer Trinidad. Fora feita nos Estados Unidos, por pessoas que possivelmente jamais tinham ouvido falar em Trinidad. Em seu consumo, porém, ela se tornou mais genuinamente trinitária que qualquer coisa feita no local. A maioria dos estudos sobre a mídia tende a condenar essas séries como uma espécie de imperialismo cultural. Muitos trinitários expressam opinião semelhante. Nesse caso, porém, se desejássemos estabelecer o que era visto por eles como o caráter essencial da "trinitariedade", lidando com as mais difíceis questões locais, a melhor fonte era a novela americana.

Isso vai além do argumento desenvolvido em termos do uso trinitário da internet. Vimos como o uso da internet criou novos gêneros culturais encarados como caracteristicamente trinitários. Com a novela, contudo, a televisão se transformou no principal meio pelo qual a própria definição de trinitário, a palavra *bacanal*, se torna rotineiramente ilustrado. Talvez isso não seja comum, mas o exemplo mostra que sem dúvida é possível.

O que é uma relação por celular?[9]

Bem mais comum que o ato coletivo de autodefinição é o desenvolvimento gradual e muito mais sutil de novas formas de relação, em especial em termos de mídia de comunicação, de vez que todas são um instrumento para estabelecer relações. Pelo menos aí vigoram algumas das mesmas questões. Haverá sempre um processo dialético em que as pessoas estão criando, a um só tempo, um relacionamento umas com as outras e com a mídia. A questão é esclarecida se imaginarmos que tipo de relação pode se denominar "relacionamento por celular". Por exemplo, um irmão e uma irmã residentes em Londres podem estabelecer um relacionamento multifacetado ao longo de quatorze anos usando muitas mídias diferentes, e adotar o telefone celular quando ele se torna barato. Isso produz mudanças menores, como a microadministração de encontros na cidade, mas em geral insignificantes, se consideradas no contexto da relação entre eles como um todo.

Em contraste, que tal um passeio numa rua de Manila? As Filipinas se estabeleceram alguns anos atrás como prolífico centro mundial de mensagens de texto. Graças ao trabalho antropológico de Raul Pertierra e outros,[10] posso imaginar uma jovem começando a usar esse meio. Ela gosta do modo particular como ele se presta à comunicação curta, ambígua e sugestiva, além de criativa. Nessa etapa, ela começa a trocar mensagens com um homem que conheceu por acaso ao perceber que ele olhava a mensagem que ela escrevia num ônibus lotado. A bem da verdade, no começo ela não tinha absolutamente nenhum interesse pelo homem. Queria apenas um pretexto para praticar e desenvolver a troca de mensagens. Mas uma das ameaças de trocar torpedos é o flerte, e, passado um tempo, ela começou a gostar da facilidade dele com textos galanteadores e compreendeu tratar-se de um homem com quem possuía algo em comum. Eles começaram a se encontrar de vez em quando, houve mesmo um breve relacionamento sexual entre os dois, que não funcionou muito bem, e logo retomaram o que os havia unido e conservado juntos – as alegrias do SMS.

O terceiro exemplo vem de nosso trabalho de campo sobre telefone celular na Jamaica. Uma fiel pentecostal gosta muito de levar a palavra de Jesus a todos. Ela também aprecia o que os jamaicanos chamam aconselhamento, baseada em sua convicção de que sua inspiração vem do céu. Um engano casual a pôs em contato com uma adolescente cujas maneiras hesitantes ao telefone denotaram uma fragilidade que ela aproveitou para iniciar uma longa conversação sobre os problemas da moça, inclusive o *babyfather* (o pai não assumido) de seu filho, que a estava traindo. Essa profundidade de confissão e aconselhamento poderia ter sido difícil se tivessem se encontrado face a face. Mas a anonimidade e a casualidade do encontro levou a um intercâmbio firme, embora o custo das chamadas tivesse certo impacto sobre os orçamentos.

Qual dos três casos é uma relação celular? Não o primeiro, que apenas significa um acréscimo de tecnologia, algo sem consequências, de interesse essencial para as empresas de telefonia celular, mas não muito para os envolvidos. O segundo caso é inequivocamente uma Relação Celular, à medida que o interesse primário são as mensagens de texto, e a outra pessoa está ali sobretudo para facilitar o uso do telefone. O núcleo do relacionamento é a troca de mensagens em si mesma. Se o segundo caso é uma Relação Celular, talvez o terceiro seja um caso mais brando de relacionamento celular, no sentido de que o telefone não constitui a relação, mas é seu instrumento. Embora seja tentador nos concentrarmos no caso extremo, o terceiro exemplo ambíguo é de longe o mais comum.

A fim de explorá-lo com mais profundidade, cabe considerar o que queremos dizer por relação. O tema é examinado no Capítulo 5, porém, para resumir, argumento que em muitos casos o termo relação se refere a uma tensão inevitável entre a categoria geral que determinada pessoa ocupa e as especificidades dessa pessoa. Ao fazermos compras, frequentemente adquirimos coisas que tornam o *pai* real parecido com a categoria pai, tal como a entendemos; ou a companheira parecida com uma *companheira* apropriada, conforme a imaginamos.

Agora, com Mirca Madianou, da Universidade de Cambridge, estou realizando uma pesquisa sobre relações a longa distância, em particular as estabelecidas por famílias espacialmente separadas. Examinamos a capacidade de mídias particulares sustentar esses relacionamentos ao longo do tempo entre famílias filipinas e caribenhas. Antes disso, já conhecíamos a bibliografia pertinente. Por exemplo, em *Children of Global Migration*, Parreñas analisa as consequências da migração filipina contemporânea.[11] Ela observa que há aproximadamente 9 milhões de filhos filipinos abaixo de dezoito anos de idade com pelo menos um dos pais no estrangeiro na condição de mão de obra migrante. Esse número equivale a 27% da população jovem.

A situação parece um sacrifício extraordinário. Na amostragem, a mãe média passou somente 23,9 semanas dos últimos onze anos com seus filhos. Em maior ou menor grau, as mulheres não acompanharam o crescimento dos filhos. As mães explicam suas razões para assumir esse tipo de trabalho em termos de bem-estar dos filhos, como custear a educação, as despesas médicas e aumentar a renda. A expectativa razoável de Parreñas era de que o avanço das comunicações regulares e baratas ajudaria a minorar as consequências negativas da separação, e permitir que os filhos se sentissem novamente próximos de suas mães, entendendo e avaliando melhor a condição delas. A autora também antecipou que eles seriam influenciados pelas formas mais igualitárias e modernizadas das relações de gênero, pelas quais o pai desempenharia papéis domésticos, reconhecendo que a mãe assumia parcela maior do papel tradicionalmente masculino de ganhar o pão.

Entretanto, a maioria das descrições e análises detalhadas do livro de Rhacel Parreñas sugere que as expectativas não se concretizaram. A razão para isso fica mais clara em termos da teoria das relações que acabamos de descrever. O período de separação tende simplesmente a exacerbar a distinção entre as normas idealizadas, representadas por mãe e filho, e seu relacionamento efetivo, que diminuiu de modo drástico, nesses casos. As normas se mantêm tanto individual quanto coletivamente. No âmbito coletivo, Parreñas mostra que há uma visão sombria das famílias em que as mães foram trabalhar em outros países, deixando os filhos para trás. Elas são estigmatizadas. Há uma crença de que as crianças criadas sem mãe irão se comportar mal. No plano individual, a proximidade possibilitada pelo desenvolvimento da telefonia celular reforça os ideais de gênero mais conservadores e tradicionais sobre as relações, levando muitas dessas crianças a se concentrar menos nos benefícios materiais acumulados em seu nome e mais no sentimento de abandono por parte das mães. Para avaliar esse malogrado uso do celular, deve-se observar que, mesmo as mulheres que voltam ao lar não são necessariamente percebidas como mães melhores.[12] No caso de pais ausentes, em contraste, é possível que se considere adequado manter contato telefônico, pois para eles a relação mais ocasional ou distante está próxima das expectativas normativas.

Mal começamos nossa pesquisa sobre esse tópico, e nossas conclusões já podem mudar. Menciono isso para desenvolver um argumento adicional. Ao começarmos o estudo, passamos grande parte do tempo falando com mães que ficaram muitos anos no Reino Unido, perdendo o desenvolvimento dos filhos; agora viajamos para Manila, a fim de falar com crianças que cresceram sem a presença delas. Por um lado, trata-se de um exercício acadêmico nítido. Se quiser conhecer as consequências de uma nova mídia em questões de relacionamentos, casos radicais como esse são exata e pontualmente adequados. Porém, investigar só as mães e os filhos para aperfeiçoar os conhecimentos acadêmicos seria falta de sensibilidade. Quase toda semana, eu voltava para casa com histórias girando na cabeça, casos que eu, como pai, achava chocantes. As mães e os filhos não se limitam a falar, eles transmitem, evocam, obrigam a gente a saber, a imaginar, a enfatizar e afinal a compreender a que distância estamos, porque privilégio e sorte significam que ouvimos, mas não partilhamos diretamente a experiência deles. Sim, acredito com sinceridade que o trabalho nos ajudará a compreender como os relacionamentos são afetados pela mídia. Porém, mais que isso, ele nos dirá por que razão precisamos entender essas coisas.

Na realidade, o raciocínio que levou a esse estudo não foi considerá-lo um exemplo acadêmico nítido. Na verdade, foi sentar e examinar a bibliografia sobre migração e diáspora, e compreender que talvez a academia tenha negligenciado a própria coisa que mais interessava aos migrantes, as relações nucleares que se esgarçaram quando eles se tornaram migrantes. Há uma vasta literatura sobre relações de trabalho, cidadania, identidade e outros temas afins. Mas nós sentimos que, se alguém de fato perguntasse aos próprios migrantes o que importava mais em termos do impacto de migrar, o mais provável é que respondessem algo muito diferente: as relações nucleares de amor e obrigação, exemplificados na separação entre mães e filhos. As pessoas tendem a se preocupar mais com as pessoas que amam do que com a definição de quem são. Não obstante, poucos estudos concentram a atenção nesse aspecto da migração, em contraste com temas da moda, como identidade.

Mídia, pobreza e bem-estar

Numa coletânea de trabalhos de doutorandos meus, chamada *Material Cultures*,[13] argumentei que o estudo da cultura material necessitava afastar-se da ênfase esmagadora sobre o significado para levar em conta o que *importa*. Embora alguns estudiosos prefiram a separação clara entre pesquisas acadêmicas dedicadas a agendas teóricas e trabalhos acadêmicos interessados em questões como políticas práticas e desenvolvimento, eu a vejo como o tipo de dualismo que um antropólogo radical deve anular. Não consigo pensar em nenhum campo de provas melhor para a teoria que o calor e o pulsar da vida das pessoas nos extremos do que chamamos, abstratamente, desenvolvimento, mas que significa um redemoinho de transformações, lutas e aspirações. Tampouco a justificativa da teoria como contribuição para a compreensão intelectual será de modo algum diminuída se a encararmos como contribuição para a compreensão e a assistência ao bem-estar das pessoas.

Trecos importam. Sua presença ou ausência muitas vezes é a própria definição do que as pessoas experimentam como pobreza. É o principal motivo alegado pelas mães filipinas para explicar por que trabalham longe de seus filhos. Assim, a parte final deste capítulo se concentra num estudo da consequência dos trecos quando motivada por preocupações aplicadas ao bem-estar de populações de baixa renda.[14] A pesquisa sobre telefones celulares na Jamaica, empreendida por Heather Horst, foi financiada pelo Departamento para o Desenvolvimento Internacional britânico (DFID, na sigla em inglês). O interesse era estabelecer o impacto das novas mídias sobre a pobreza, e se elas deveriam ser prioridade nas futuras políticas de assistência. Como a maioria dos temas aplicados era de curto prazo, concedia-se a subvenção a antropólogos comprometidos com a prática de uma etnografia tradicional. Heather Horst passou o ano inteiro na Jamaica, depois de ter trabalhado nesse país em vários outros projetos ao longo de dez anos. Ela viveu seis meses com uma família numa área rural do centro da ilha e passou mais seis meses com uma família em Portmorte, distrito afastado da capital, Kingston. As duas áreas são de baixa renda, com altos níveis de desemprego. Eu morei uma parte do ano com as mesmas famílias.

A questão que o DFID sugeriu, na época, ainda é imensamente importante. O telefone celular se disseminou num ritmo espantoso. Mas o ano de 2004 provavelmente representou a primeira oportunidade para uma avaliação inicial de seu impacto sobre os grupos de baixa renda, pois foi somente então que o celular chegou a essa população, tanto na Jamaica quanto em muitas outras partes do mundo. É possível que o telefone celular seja um novo *gadget* esperto, que represente um custo considerável e, em última análise, uma drenagem dessas rendas muito baixas. De forma alternativa, ele pode representar uma importante explosão e, genuinamente, uma nova maneira de as pessoas aumentarem suas rendas. Contudo, um problema já fica patente ao situarmos a questão nesses termos: a renda é, em si mesma, a melhor medida do bem-estar das pessoas? Um dos aspectos que antropólogos como Mary Douglas[15] têm frisado para aqueles que desenvolvem sistemas de medida do bem-estar humano é a comunicação em si mesma. Sob a influência de economistas como Amartya Sen, as Nações Unidas vêm ampliando seu índice de bem-estar nacional além do critério único de renda, incluindo fatores como educação e saúde. Não obstante, até aqui a comunicação é entendida como meio para atingir esses fins, e não um fim em si mesmo. Mary Douglas, em contraste, argumentou que a comunicação é um interesse humano tão básico que precisa ser valorizada de forma independente. Isso parece válido, em especial para os caribenhos.

Estudos antropológicos anteriores na região, com títulos como *The Man-of-Words in the West Indies*,[16] analisaram o lugar da conversa performática em sociedade e mostraram em detalhes a importância do imperativo de se comunicar. Por exemplo, em Trinidad, se você é um homem que esta de pé numa esquina e passa uma mulher, é obrigação sua dizer-lhe alguma coisa, tentar chamar sua atenção – você simplesmente tem de fazer isso. De modo que, se a mídia, como um gênero de treco, deve se tornar relevante para a avaliação do bem-estar das pessoas, ela não pode ser reduzida à questão da renda. No entanto, para ser levada a sério por economistas, cabe considerar sua relação com a renda. Por isso, vou partir da renda e do trabalho, e então ultrapassar essa dimensão.

Na época do estudo, a Jamaica era extraordinária no Caribe em termos do impacto aí produzido pelo telefone celular. À diferença de Trinidad, onde nossa pesquisa anterior se concentrara na internet, as populações de baixa renda da Jamaica quase não usavam a rede. Contudo, comparativamente, havia mais de três vezes o número de assinantes de telefones celulares que em Trinidad, com uma média de três telefones por família. Muitos fatores explicam a preferência do celular à internet. O governo jamaicano fora mais rápido ao responder ao chamado do Banco Mundial em prol da liberalização do setor de telecomunicações. Um dos resultados foi a chegada de uma dinâmica companhia irlandesa, a Digicel. Começando do zero, em 2001, no fim de 2004 a Digicel tinha vendido quase 1,5 milhão de telefones celulares no país. Assim, parece que o sucesso relativo de cada novo meio é resultado sobretudo de ações do Estado e do comércio. Entretanto, nossa pesquisa revelaria outra história, que tinha mais a ver com o uso que as pessoas fazem da mídia. Antes, porém, temos de lidar com a agenda estabelecida pelo DFID.

A hipótese geral então formulada por governos e economistas era de que, se o telefone celular tivesse de ser a principal força para ajudar as pessoas de baixa renda, isso aconteceria por dois fatores: o primeiro era estimular indivíduos a se tornar empresários; o segundo, ajudar as pessoas a encontrar emprego. O resultado desejado seria evidente no aumento geral do Produto Interno Bruto (PIB). A revista *The Economist*, em particular, argumentava que telefones celulares poderiam ser mais eficientes para alcançar esses objetivos que a internet, pois são relativamente mais baratos e exigem menos conhecimentos. Com um telefone celular, os empresários nascentes não precisariam mais do capital necessário para ter um escritório fixo, ou uma base, e poderiam estabelecer contato com fornecedores e clientes a qualquer hora.

Pela observação etnográfica, chegamos a conclusões muito diferentes dessas hipóteses, revelando uma relação bem mais complexa entre renda e difusão do telefone. Não há dúvida de que a lógica de *The Economist* funciona muito bem para alguns países, enquanto nossos indícios são específicos da Jamaica. Neste país, porém, o uso de celulares para dar assistência a quem quisesse se tornar empresário ou obter trabalho foi raríssimo. Não há registro de nenhum novo espírito de empreendimento baseado na telefonia celular, com duas exceções. Uma foi o setor da música. Quase metade dos homens abaixo dos quarenta anos que conhecemos enxergou algum potencial em tocar música, contratar bandas, fazer CDs e de algum modo "se dar bem" com música profana ou religiosa. Não que isso acontecesse com frequência, mas a aspiração decerto estava presente. Outra exceção foi o negócio de dirigir táxis, tão integralmente vinculado ao telefone que chega a formar parte vital de uma coisa que pode ser chamada ecologia da comunicação jamaicana: um tipo de comunicação, a do transporte, está intimamente ligado a outro. Na área rural que estudamos, você podia pedir a um taxista já conhecido que fizesse um desvio e subisse as colinas rumo a locais remotos. Antes do telefone, porém, não havia nenhum modo de chamar um táxi. Isso importa muito, por exemplo, em relação ao impacto sobre a assistência médica. O telefone foi menos usado do que se esperava para chamar médicos ou enfermeiras, mas o vínculo com o táxi significava que agora era possível, numa emergência, chamar um táxi para nos levar ao hospital.

Esses são casos excepcionais. Em geral, havia poucos indícios de uso empresarial. A situação é semelhante em referência à obtenção de emprego. O consenso geral era de que o acesso à vasta maioria das empreitadas ou empregos se dava por conexões sociais ou pela patronagem, e não pela mera equiparação entre oportunidade e qualificação. Por isso, se tivéssemos mantido nosso foco na geração de renda, concluiríamos que o impacto dos telefones celulares fora minguadíssimo. Porém, abandonada essa perspectiva, descobriu-se que o telefone teve um impacto essencial e positivo na luta pela sobrevivência dos grupos de renda muito baixa na Jamaica, justificando plenamente o modo como eles priorizaram o telefone, mesmo quando viviam em condições de miséria.

Mais uma vez, podemos começar pela renda – ou a falta dela. Fizemos investigações muito detalhadas sobre os orçamentos de famílias de baixa renda tanto em cenários rurais quanto em urbanos. Voltamos dia após dia, até conseguir equiparar nossos dados sobre a renda da família aos dados sobre consumo familiar, algo que com certeza não vale para as estatísticas oficiais sobre orçamentos familiares. O resultado nos chocou. Muitíssimas pessoas não tinham renda alguma, nem de salário, nem de vender alguma coisa. A única forma de sobrevivência era dinheiro proveniente de outras pessoas, daquelas que *tinham dinheiro*. Na área urbana (Kingston), 70% das famílias de baixa renda recebiam dinheiro de outros membros da família, namorados e parentes, pais não assumidos e amigos na Jamaica ou no estrangeiro. Entre essas famílias, 36% sobreviviam exclusivamente através de redes sociais particulares e da patronagem.

O essencial é que mais de ⅓ das famílias não tem renda alguma, no sentido de algo que ganhem em troca de trabalho. Elas só sobrevivem pela capacidade de ganhar dinheiro dos outros. A diferença entre ser despossuído e não ser despossuído é ter amigos ou família com quem contar num momento de necessidade, mesmo que seja para conseguir US$ 1 para o transporte. O telefone celular é a ferramenta ideal para o jamaicano que tenta criar e manter essas redes sociais mais amplas, que, em última análise, parecem mais confiáveis que uma empresa, um empregador ou mesmo um parente, esposo ou esposa. Como mostraram muitos estudos sobre a pobreza, o problema é que as pessoas nessas condições estão em estado quase constante de crise, suscitado a cada nova demanda de recursos, seja para o uniforme escolar para o filho, seja para comprar os remédios prescritos pelo médico. Simplesmente não há excedente de recursos para despesas adicionais ou imprevistas. Grande parte das histórias presentes em nossa monografia posterior sobre a pesquisa é constituída por demonstrações da eficácia do telefone celular na solução das crises.

Assim, em resposta à averiguação inicial tal como concebida pelos economistas, chegamos a uma conclusão ligeiramente "perversa". Sim, o telefone celular é muito efetivo para minorar as piores formas de sofrimento associadas à pobreza. Mas a maioria dos economistas relacionaria a mitigação da pobreza ao crescimento do PIB, promovido pelo aumento do empreendedorismo. Um ponto crítico para o empreendedorismo é a acumulação de capital, pelo menos para um investimento inicial. O problema é que o telefone celular parece reforçar a tendência a distribuir a renda entre as áreas de baixa renda, daqueles que em determinado momentos *têm alguma renda* para aqueles que *não a têm*. Em consequência, a chance é ainda menor de um indivíduo acumular o tipo de capital que lhe permita trabalhar como empresário. Um efeito do telefone celular é tornar o empreendedorismo menos factível, ao dispersar o capital entre as camadas mais baixas. Um meio de minorar a pobreza entre os grupos de renda mais baixa não é necessariamente algo que cria riqueza para o país como um todo.

Como antropólogos, queríamos avaliar o impacto do telefone no bem-estar que significasse mais que apenas desenvolvimento econômico. Heather Horst e eu descobrimos que um termo local, *link-up* (unir, juntar, ligar), descrevia melhor o uso jamaicano do telefone. O *link-up* abrange um número muito grande de conversas muito curtas, a fim de manter contato ocasional com o maior número possível de pessoas. A duração média de uma ligação por celular na Jamaica é de dezenove segundos. Pesquisas antropológicas anteriores demonstraram que os jamaicanos conheciam às vezes centenas de pessoas que chamariam de parentes, embora não fizessem uso de nenhuma conexão particular até que surgisse a necessidade. Eu não conheço ninguém no Reino Unido capaz de nomear centenas de parentes. Os antropólogos, porém, presumiram tratar-se apenas de uma característica do parentesco. Na metade de nosso trabalho de campo, tivemos um daqueles insights repentinos. Em vez de apenas perguntar às pessoas sobre suas redes sociais particulares, pedíamos que mostrassem a lista de contatos nos seus celulares para descobrir todos com quem eles se comunicavam (na verdade, as esposas faziam o mesmo com o telefone dos maridos). Pela análise do conteúdo da agenda dos celulares, descobrimos que a ênfase em redes muito extensivas valia para todos os relacionamentos, já que apenas 15% dos nomes nas agendas eram de parentes, ao contrário da expectativa dos antropólogos.

Se você deseja manter uma rede tão vasta de relacionamentos, então têm cabimento as chamadas curtas ocasionais, só para manter contato. As conversas por celular na Jamaica eram quase inteiramente despojadas das convenções normais e de etiqueta. Não há saudações polidas, muitas vezes não há nenhum tipo de despedida, talvez só uma palavra, como *certo* ou *até*. Ambos os lados reconhecem a importância de baratear a chamada, mas vêm esses telefonemas como uma espécie de unidade mínima de sociabilidade. Por mínimo de sociabilidade quero dizer o mínimo de contatos necessários para manter a opção de fazer contatos mais substanciais caso a ocasião se apresente. Pense em como as pessoas no Reino Unido enviam cartões de Natal para famílias que conheceram em outros países, mantendo a relação aquecida a fogo brando. Esta pode ser a única comunicação durante anos, a menos que aconteça uma visita ao país, caso em que todos se tornarão de repente os melhores amigos, passando um tempo juntos. Mas isso só é possível se você mandar os cartões.

Mais ou menos 98% das chamadas na Jamaica são feitas em telefones pré-pagos. A transferência de dinheiro para os que *não o têm* pode começar nesse nível. Quando alguém precisa de dinheiro, telefona para ver quem tem algum naquele momento. Porém, mesmo isso custa mais do que eles têm. Então, começam *pedindo* um cartão telefônico. Um amigo ou amiga talvez não o auxilie na educação dos filhos, mas é possível que não relute em lhe dar um cartão telefônico a fim de ajudá-lo a encontrar alguém que possa lhe dar dinheiro para a educação dos filhos. As empresas telefônicas logo começaram a perceber a importância de manter o contato. A Digicel introduziu uma nova facilidade chamada *callme* [ligue-me]. Ela permite que a pessoa com menos de US$ 3 JA de crédito no telefone entre em contato com até 21 pessoas, na esperança de que uma delas aceite o custo da chamada. Em poucos meses, o serviço *callme* respondia por 80% de todas as mensagens de texto.

Não é difícil explicar por que as pessoas pedem um cartão telefônico ou usam o *callme*. Os antropólogos diriam que por trás disso está algum tipo de reciprocidade generalizada, mas nós descobrimos que essa reciprocidade só desempenha um papel desprezível. É verdade, um indivíduo que se torne conhecido por usar o *callme* quando pode pagar a chamada logo é condenado por abuso. Em geral, porém, as pessoas que transferem créditos e dinheiro para os indivíduos do grupo de baixa renda não têm expectativa real de um dia serem pagas nem de ganhar algo em retorno. Elas não são apenas parentes, assim, tampouco se trata de algum sentido de interesse coletivo mais amplo, de longuíssimo prazo. Não obstante, o *callme* não teria durado muito se fosse apenas escassamente bem-sucedido. De fato, o serviço estava em uso constante.

Nós concluímos que a razão para dar uma pequena soma em dinheiro ou em créditos é a mesma que vigora para as chamadas telefônicas curtas e baratas: manter a rede muito ampla. Mais uma vez, isso nos opõe aos economistas, à perspectiva que tende a reduzir fenômenos como a rede extensiva a um tipo de necessidade econômica. Em vez disso, preferimos voltar ao ponto anterior sobre o valor da comunicação. Sim, ela é usada para ajudar as pessoas pobres a entrar em contato com táxis, a pressionar parentes no exterior para que remetam valores – hoje uma das maiores fontes de renda. Contudo, essas redes extensivas existiam antes dos táxis e das remessas, e parecem se desenvolver independentemente de tais funções. Elas florescem mesmo quando não há nada em jogo, exceto outro número para pôr no telefone. Embora a criação de redes seja vital para a compreensão das estratégias de enfrentamento dos problemas, as implicações de causa e efeito também podem se inverter. As pessoas dão e tomam não porque necessitam, mas para facilitar sua conexão social. Elas dão dinheiro para criar as conexões e desenvolvem conexões a fim de obter dinheiro.

Começamos examinando os benefícios econômicos do telefone celular, mas agora vemos que as próprias transações econômicas são um meio para facilitar a comunicação, a qual emerge como um fim em si mesmo. Podemos não ir tão longe quanto Mary Douglas e Ney, ao afirmar que "um ser social tem uma necessidade primária: se comunicar".[17] Mas chegamos a um resultado que justifica a inclusão da comunicação como um tipo de treco. A mídia não é apenas um meio para atingir outro fim. As pessoas valorizam a comunicação em si mesma como algo que podem possuir ou de que podem ser privadas. Muitas outras seções em nosso livro *The Cell Phone* se interessam por esse contexto mais amplo da comunicação.[18] Um dos capítulos dedica-se ao conceito jamaicano de *pressão*, que se tornou familiar a partir das letras de Bob Marley. A pressão também se relaciona a um sentimento de solidão e, por sua vez, à necessidade de comunicação como um fim em si mesmo.

Um dos problemas da antropologia é que temos uma tendência a acabar com uma história que apenas "danifica" a ciência econômica. De forma previsível, após um prolongado estudo, o antropólogo anuncia que a situação como um todo é muito mais complexa do que se pensava. De repente, você tem de lidar com essa coisa chamada cultura que parece desafiar os modelos econômicos. Ou sua pesquisa sugere que, caso se gaste mais dinheiro em alguma infraestrutura ou em algo do interesse daquela população, as pessoas estariam em situação melhor. É muito mais fácil ser um antropólogo crítico, mostrando as falhas do desenvolvimento e sem assumir a responsabilidade de elaborar propostas factíveis, que sejam submetidas à crítica das pessoas.

Eu tinha plena consciência dessa tradição da antropologia crítica quando começamos nosso projeto. Minha esperança era de que conseguíssemos fazer algo completamente diferente. Tentamos elaborar propostas que levassem o já endividado governo jamaicano a gastar menos dinheiro, e não mais. Por exemplo, mostramos por que o melhor uso para um enorme investimento proveniente de um grande empréstimo não era desenvolver computadores comunitários, já que isso dependia de um conceito de comunidade não aplicável à Jamaica. Do mesmo modo, vastas somas eram investidas em instalações de Tecnologia da Informação (TI) nas escolas, mas a maioria delas fracassava – tanto do ponto de vista da TI quanto das escolas. Nossas alternativas incluíam aplicar o dinheiro da TI no setor muito mais motivado da educação de adultos, no qual as pessoas com experiência de desemprego desenvolveram um alto grau de compromisso com o treinamento e a educação. Observamos o alcance do uso de celulares para permitir o acesso a materiais educativos com padrões internacionais, e isso era mais eficaz que as grandes somas aplicadas em localizar conteúdos não confiáveis. Em vez disso, precisávamos desenvolver materiais educativos com selo de qualidade, sob os auspícios de um órgão como a Unesco, haja vista que, sem o selo, as pessoas usavam o Google e acabavam com uma mixórdia de materiais supostamente educativos, alguns úteis, mas a maioria lixo. Eles necessitavam desesperadamente de ajuda para separar o joio do trigo.

Então, estávamos totalmente preparados para apresentar propostas que eram o oposto daquelas associadas à mera crítica. Propostas que custavam menos e pareciam factíveis. Eu realmente acredito que a cultura material tem um papel a desempenhar nas políticas práticas e na melhoria do bem-estar das populações. Mas isso não significa que tudo que fiz e propus até agora foi realmente útil. Na minha avaliação, ninguém no governo da Jamaica nem no DFID (que financiou nosso trabalho) deu um pingo de atenção a nenhuma de nossas descobertas. Minha experiência é que as pessoas que trabalham com desenvolvimento dão ouvidos a outras pessoas que trabalham com desenvolvimento; pessoas que trabalham na burocracia dão ouvidos a outras pessoas na burocracia; pessoas da antropologia social ignoram outras pessoas da cultura material, e assim sucessiva e inesgotavelmente. Sem dúvida, esse é um vício do qual eu também compartilho.

Até hoje, só tenho conhecimento de um exemplo no qual meu trabalho foi diretamente aplicado para criar algo no mundo. Muitos anos atrás, eu estava dando uma palestra na Áustria, e alguém veio me ver depois, dizendo que estava encantado de conhecer a pessoa responsável pelo Big Foot. Eu não tinha a menor ideia do que eles falavam. Acontece que uma pessoa na Áustria tinha lido *Material Culture and Mass Consumption* e prestou atenção num ensaio de Alyson James que eu havia resumido, debatendo a questão dos doces e balas para crianças.[19] Com base na lógica dos argumentos, eles imaginaram um novo sorvete com o formato de um grande pé, que na época estava vendendo muito bem. Assim, embora eu queira um dia assistir concretamente, por exemplo, à mitigação da pobreza no Caribe, a única coisa que posso reivindicar até aqui em relação ao avanço prático do mundo é um sorvete austríaco. Mesmo isso foi baseado no ensaio de outra pessoa, que apenas resumi em meu artigo. E o pior, esqueci de experimentar um Big Foot, o que poderia ter sido delicioso.

Felizmente, contudo, os estudiosos não dependem só do impacto direto. Ao seguir a carreira de estudantes empregados numa gama de setores, da universidade e do comércio até o planejamento e o design, é evidente que as pesquisas sobre cultura material estabeleceram boa reputação, e que sua mensagem educacional se difundiu amplamente. Entre os resultados, há um interesse mais generalizado em etnografias e estudos qualitativos numa série de campos orientados para o mundo material. Eu gostaria de acreditar, porém, que nossa influência maior foi a contribuição que demos para uma mudança significativa, evidente em muitas profissões ao longo das últimas duas ou três décadas: grupos como designers, arquitetos, especialistas em mídia e órgãos comerciais, outrora motivados por prêmios conferidos pela qualidade de seus produtos, têm compreendido cada vez mais que precisam concentrar sua atenção em algo muito diverso. Em última análise, o que interessa são as consequências desses produtos para as pessoas.

5. Questão de vida ou morte

A PREMISSA DESTE LIVRO foi a observação de que as coisas fazem as pessoas tanto quanto as pessoas fazem as coisas. Mas isso soa como eloquente frase de efeito ou como proposta teórica abstrata, a menos que mostremos com mais clareza como as coisas de fato fazem as pessoas. O ponto de partida para dar substância a essa perspectiva é fornecido pelas observações de Pierre Bourdieu em *Esboço de uma teoria da prática*.[1] Indivíduos crescem para se tornar, em graus variáveis de tipicidade, membros de determinada sociedade. Na maioria dos casos, isso não acontece pela educação formal, mas porque os hábitos e disposições gerais da sociedade lhes são inculcados pelo modo como interagem em suas práticas cotidianas com a ordem já prefigurada nos objetos que encontram em torno de si. Moro numa complexa rede de casas ordenadas em torno de ruas, que facilitam o trânsito de carros. Carros envolvem não apenas ruas e rodovias, mas uma rica parafernália de objetos correlacionados, de sinais de trânsito a estacionamentos. Obtenho minha compreensão, em parte, pela evidente familiaridade, em parte, pela consciência que me é imposta quando chega a hora de fazer o exame de direção. De forma alternativa, posso viver numa sociedade onde eu passe a supor que a riqueza das safras que cultivo depende de uma multidão de espíritos ancestrais, os quais encontro em todos os pequenos relicários, oferendas, padrões de plantio etc. estabelecidos para garantir que as almas antepassadas sejam propícias. Posso ser poupado de qualquer exame formal, mas aprenderei com sacerdotes e parentes, e com o ridículo, quando fizer as coisas do modo errado. Saberei, num caso, quando parar no cruzamento da rua, no outro, quando murmurar um encanto ao passar por uma árvore não auspiciosa.

Exploramos as diferentes maneiras pelas quais essa proposição pode ser entendida usando exemplos de indumentária, habitação e mídia. Nós a abstraímos até os mais altos níveis da teoria. Mas é apropriado, aqui, perguntar como exatamente os trecos contribuem para a formação e para a perda de uma pessoa, como as coisas são usadas na definição das questões de vida ou morte. Creio que esse aspecto só se tornou claro para mim quando li o trabalho de Linda Layne, que levara a cabo um estudo extensivo sobre abortos tardios e natimortos.[2] Com frequência, eu ensinara, segundo Mauss, que o intercâmbio de coisas cria relações sociais. Mas nunca tinha sentido o significado profundo disso até ler Linda Layne. Ela mostra como, nos Estados Unidos, pais que lidam com aborto tardio ou com natimortos insistem em dar um presente de Natal ao bebê perdido. Ela afirma que as dificuldades por que passam os pais para se desembaraçar do enxoval e das coisas compradas para o bebê imaginado são parte do luto pela morte da criança. O temor central desses pais é de que outras pessoas pensem que o que eles perderam não era um ser humano, um filho ou uma filha, mas uma coisa. É paradoxal que seja sobretudo por meio de coisas materiais que eles encontrem a maneira mais efetiva de insistir na humanidade de seus filhos, de dizer que eles não eram apenas coisas. Só pessoas reais podem dar ou receber presentes. Há uma pungência nesse exemplo que ajuda a fazer dos estudos da cultura material mais uma missão do que apenas uma conceituação. Sim, em geral é por meio de coisas que realmente fazemos pessoas. Quero confirmar esse argumento com dois estudos de caso essenciais, que se aplicam a pessoas como eu: moradores de Londres. O primeiro se concentrará no nascimento, o segundo na morte.

Nascimento[3]

Como professor judeu morador do norte de Londres, não surpreende que eu tenha vários amigos envolvidos em psicanálise, seja profissionalmente, seja como clientes. Confesso que, apesar de assumir meu lado judeu, não compartilho da fé psicanalítica. Em comparação com a antropologia, a psicanálise é universalizante demais, com forte tendência "essencializante", nas formas mais vulgares; e, por outro lado, muito centrada nos indivíduos, em oposição às relações sociais. Ela também tem um hábito enlouquecedor de usar o termo *relações-objeto* para falar das pessoas inteiramente descontextalizadas das coisas. Os únicos objetos que a expressão admite, na psicanálise, são outras pessoas.

Contudo, parecia interessante a experiência de justapor as perspectivas da cultura material sobre aquilo que produz pessoas como eu e pontos de vista psicanalíticos. Baseado na pequena leitura que tenho na área, sobretudo de ensaios de Melanie Klein,[4] propus um jogo voltado principalmente para meus amigos que trabalham nesse campo. Sugeri que a psicanálise era um imenso ato de projeção. Os estágios de desenvolvimento descritos por Melanie Klein não teriam nada a ver com bebês nos primeiros anos. Eles descreveriam os vários estágios pelos quais passa um pai ou uma mãe a fim de se desenvolver como pai maduro ou mãe madura. Isso é resultado de repressão coletiva, aspecto que todos os psicanalistas tiveram tantos problemas para aceitar, ou para a ela se acomodar, que desviaram todos os problemas-chave para o bebê. Eu não pretendo ser um entendido em psicanálise. Li pouco e entendi ainda menos. Baseado nesse jogo, porém, iniciei um exame do uso do consumo na criação de filhos. Queria mostrar que isso de fato nos ajuda a compreender alguma coisa sobre como essas duas categorias de pessoas, bebês e mães, são formadas. Outra inspiração foi o trabalho de Marilyn Strathern,[5] sugerindo que, nas Terras Altas da Nova Guiné, compreende-se, em algum sentido, que o filho ou a filha cria a mãe.

O trabalho foi subproduto de minha pesquisa sobre fazer compras numa rua do norte de Londres,[6] para a qual reuni um grupo composto de mães de classe média que pertenciam à NCT. Embora as letras NCT queiram dizer National Childbirth Trust (Consórcio Nacional Pró-Parto), a instituição deveria se chamar, mais adequadamente, Consórcio Natural Pró-Parto, já que na época seus membros mais ativos e a bibliografia citada por eles muitas vezes expressavam uma preocupação quase obsessiva com o conceito de natureza quando aplicado ao parto e à assistência à infância. Nos casos mais radicais, seus membros eram atraídos por práticas semicultuais, como o renascimento, em que a mãe deve reviver a experiência de seu próprio parto (embora essas práticas se dessem fora da fundação). Os integrantes da NCT são estimulados a evitar qualquer tipo de assistência no processo de parto, como ministrar analgésicos ou até a presença de médicos. As práticas são descritas como "intervenções". O parto natural era axiomaticamente preferível, tanto para a criança quanto para a mãe, sem que houvesse as mencionadas intrusões. A pesquisa teve lugar no começo da década de 1990, quando esses ideais estavam no auge de seu ardor. Hoje as coisas se acalmaram e se moderaram... um pouco.

Ao evitar analgésicos, as mães ficam mais expostas à dor do parto. Isso ajuda na construção do parto como uma espécie de rito cujo objetivo não é o só o nascimento de um novo bebê, mas o nascimento de uma nova forma de adulto – a mãe. O parto é o mais literal dos *ritos de passagem*, rituais comumente associados à dor.[7] Eu observei que, nesse parto natural, as mães estão engajadas num ato de reciclagem de si mesmas para retornar ao mundo como criaturas naturais.

Segundo Klein,[8] o ponto de partida do desenvolvimento do bebê é a posição esquizoparanoide durante a qual a criança é profundamente incapaz de conciliar sua experiência do seio *bom* e do seio *mau*. Estes representam dois sentidos inteiramente opostos da mãe como fonte de todos os sentimentos positivos e negativos. Eu argumentaria que essa é uma descrição totalmente apta, não da perspectiva dos bebês, mas das mães recém-nascidas. A qualidade do bebê é intimamente associada à completa dependência em relação à mãe. Ele é considerado impotente, produto puro de um parto natural. Um dos gestos-chave desses nascimentos é que o recém-nascido é imediatamente colocado sobre os seios da mãe, de preferência ainda coberto de sangue e outras substâncias naturais – que, em quaisquer outras circunstâncias, seriam consideradas sujas, mas que aqui enfatizam a continuidade com a alimentação natural do feto. A ênfase está no bebê como extensão biológica da mãe. Além disso, a NCT põe quase tanto realce na amamentação natural quanto no nascimento natural. Toda assistência é dada à mãe, preparando-a para amamentar e evitar substitutos o máximo de tempo possível.

Nessa etapa, portanto, a mãe deu à luz um bebê basicamente percebido como sua extensão biológica; o diferencial são sua pureza e sua inocência absolutas. A criança representa uma versão narcísica da mãe, refinada e purificada de tudo que ela sente de mau em si mesma. O contexto é importante. A maioria dessas mulheres foi influenciada pela primeira onda de feminismo dos anos 1970. Isso lhes deu uma percepção forte de seu potencial pessoal e da importância de seu desenvolvimento autônomo como indivíduo. Na condição de estudante, sua individualidade se manifestou sobretudo na formação de opiniões políticas de esquerda, mas, à medida que sua renda aumentou, com o emprego, a ênfase se voltou para seu desenvolvimento como consumidora e pessoa de bom gosto. O feminismo teve impacto também em seus relacionamentos com os parceiros, vistos como iguais no tocante ao aumento da renda da família e à jornada dupla.

No trabalho de Melanie Klein, alguns dos sentimentos mais comumente atribuídos ao bebê são raiva, ciúme e acima de tudo uma espécie de culpa primitiva. Creio que isso é aplicável à atitude dessas mães em relação aos bebês.[9] Embora todo realce tenha recaído na perfeição dessa versão ideal e purificada delas mesmas, o bebê também representa a negação total de tudo por que elas lutaram: os conflitos para se libertar dos pais, na adolescência, e o feminismo. As mães viam-se como a primeira geração capaz de competir com os homens. Sentiam-se com o dever moral de lutar para realizar o novo potencial que a história lhes dera, e suas ambições de carreira em geral eram claras e explícitas.

Por conseguinte, surpreende o grau em que as mães permitiram que o bebê destruísse todas essas aspirações. A ideologia que tornou seu bebê um seio bom se baseava na interpretação dele como ser puro e natural. As exigências constantes do bebê eram aceitas como prioridades essenciais; em momento algum os desejos da mãe deviam obstar a assistência à criança. Esta era vista como um ser que passava por estágios naturais com o mínimo de "intervenção" parental. Se acordavam com frequência à noite, deviam superar a condição naturalmente, não ser disciplinadas com algum ardil. Havia muitas versões da devoção ao natural. Alguns consideravam não naturais as rotinas cotidianas, de modo que alimentação, sono e outras atividades eram ditadas pelo ânimo do bebê. Outros achavam que a rotina era o natural, e desenvolveram uma obsessão para que ela nunca variasse. Não está claro por que deixar o bebê chorar ao ser posto de volta para dormir é um ardil a ser evitado, enquanto levá-lo para a cama da mãe é natural. Nesse caso, porém, talvez eu esteja projetando minha memória de ressentimentos por várias noites interrompidas.

A ideia do bebê puro e natural também foi fomentada pela bibliografia popular sobre educação infantil da época – os livros de Penelope Leach, Hugh Jolly e outros, com ênfase "winnicotiana" vulgarizada no reconhecimento pela mãe de que há sempre boas razões para todas as ações de bebês (como chorar). Isso reforçou a dependência da mãe em relação ao bebê onipotente, que, pelo prolongamento da amamentação pelo máximo tempo possível, estendeu sua capacidade de determinar a vida dela. A perda de liberdade foi radical. Mulheres que antes saíam à noite em busca de diversão passaram a se recusar a sair ao menos uma vez no ano seguinte ao nascimento do bebê. Mesmo com a possibilidade de terem companheiros mais propensos que a maioria dos britânicos a participar da criação do filho, o realce na relação biológica e natural entre mãe e bebê as reconstruiu, de certo modo, com a mesma marca de gênero contra a qual elas até então haviam lutado.

Esses são apenas alguns exemplos do modo como tornar-se mãe baseava-se na negação sistemática do eu anterior da mãe. É razoável, portanto, imaginar que o bebê seja visto ao mesmo tempo como seio bom e seio mau: aquele que parece engrandecê-la e purificá-la, mas que também destrói sua autonomia. Pode-se dizer que a mãe atravessava a posição esquizoparanoide, pois nesse período seria muito difícil para ela pensar que a fonte de emoções tão benignas e tão malignas pudesse ser o mesmo objeto. Sacrifício e depois culpa despontam como mecanismos para evitar que essa contradição passe a primeiro plano, pois permitem que a mãe projete toda negatividade representada pela criança sobre si mesma. De forma alternativa, ela pode refletir sua raiva projetando-a sobre o parceiro ou sobre seus próprios pais.

Segundo Melanie Klein, a posição "esquizoparanoide" se desdobra na "posição depressiva" quando o bebê aprende a confrontar sua compreensão de que aquilo que antes estivera separado entre bom e mau é na realidade atributo do mesmo objeto. Ao considerá-lo um estágio do desenvolvimento da mãe, isso representa o início do processo de separação de um bebê cada vez mais autônomo. Nesse ponto, os trecos começam a desempenhar seu papel. Por exemplo, brinquedos ou o objeto transicional (o cobertor malcheiroso) que outro psicanalista, Winnicott, dizia ajudar o bebê a separar sua identidade do mundo exterior.

Se a relação do bebê com os trecos surge pelo jogo, as habilidades anteriores da mãe com os trecos terão se desenvolvido, em parte, fazendo compras. Muitas dessas mães observaram que o prazer que tinham ao comprar roupas e outros itens para elas se transferira diretamente para as coisas do bebê. Apesar de em outras comunidades as mães se mostrarem interessadas em recuperar suas silhuetas e o estilo de roupas perdidos na gravidez, estas mães canalizaram seu conhecimento como consumidoras para a tarefa de comprar para o bebê. Na fase inicial, vestir o bebê tornou-se um ato de pura projeção. Se ele tivesse o direito à palavra sobre como estava vestido, poderia não ter escolhido aquelas batas camponesas de falsa renda. Por isso, assim que desenvolvesse algum sentido de agência, estaria declarada a guerra.

A primeira batalha diz respeito às substâncias que o bebê pode ingerir. No início não há problema, porque as crianças só tomam leite e depois sopa de legumes feita em casa. Contudo, logo aparece o vilão na forma de açúcar, contra o qual a mãe se empenha em proteger a cria. O açúcar exemplifica todo tipo de batalha contra substâncias ou aditivos considerados não naturais e, portanto, poluidores da natureza pura do bebê. Vi mães reagirem quando o filho, mal tendo aprendido a andar, tenta pegar um biscoito, como se ele estivesse prestes a enfiar o dedo na tomada. Inevitavelmente, a batalha termina em derrota, pois cedo ou tarde a criança tem acesso a uma ampla gama de biscoitos, doces, chocolates e aos temíveis refrigerantes. Aos poucos o bebê parece perder seu *status orgânico* pela ingestão de substâncias artificiais. A batalha se repete à medida que as comidas *saudáveis*, feitas em casa e impostas pela mãe, são rejeitadas em favor de uma dieta de frituras, ou, se a criança é suficientemente vitoriosa, hambúrgueres e pizzas. Mas os pais não desistem sem uma luta na qual seu conceito de biologia desempenha o papel essencial. É muito comum insistirem que seus bebês têm alergia a qualquer coisa artificial. Dizem que eles ficam com manchas assim que ingerem algum tipo de aditivo ou conservante errado. Se as crianças não facilitam (tendo as manchas), então os pais afirmam que os aditivos e conservantes causam problemas comportamentais, como hiperatividade, afirmação bem mais difícil de contestar.

Os filhos desse tipo de mãe são amplamente desprovidos de marcas de gênero. Os pais condenam, em vez de acolhê-los, os cartões e presentes cor-de-rosa e azuis. Na verdade, seus filhos são verdes: a encarnação do parto e da criação naturais. À medida que o bebê começa a desenvolver sua própria agência, o pai ou a mãe faz um esforço considerável para evitar qualquer associação com presentes que têm marca de gênero. Isso inclui evitar que as meninas desenvolvam interesse particular por bonecas. O maior esforço, em geral, é para proibir revólveres, espadas e outras armas. Em conversas, os pais podem mencionar com orgulho que os meninos gostam de bonecas. Porém, mesmo nesse mundo da imaginação, é muito difícil lutar contra as armas. Quase invariavelmente, as mães contaram como afinal não fazia sentido impedir que os filhos tivessem acesso às armas de brinquedo, pois se descobriu que eles usavam todo e qualquer objeto da casa, de canetas a cabides, como substitutos das armas, atirando com alegria em adultos e irmãos.

Na "posição depressiva", as mães chegam aos poucos a uma acomodação com as qualidades simultaneamente boas e más de seus bebês. Porém, ao mesmo tempo que há um reconhecimento crescente da separação da criança, ainda resta o desejo de continuar como fonte principal de toda gratificação latente do filho. No começo, a criança é uma projeção narcisista do melhor (ou do idealizado) aspecto da mãe. Como observou uma mãe:

> A diferença é que ela ficou com um corpinho fantástico, e eu engordei quando tive filhos, e a verdade é que não estou gostando tanto assim, preciso perder por volta de sete quilos, essa é a razão. Tudo o que vejo não gosto, quando eu mesma visto; mas tudo nela parece fantástico, aí dá o maior prazer. É por isso que eu gosto de ter uma filha.

A bata de renda camponesa dá lugar a uma versão mais juvenil da mãe – talvez *leggings*.

Se há um objeto que indica de forma abrangente a derrota materna, este é a boneca Barbie. O significado particular da Barbie era evidente, dado o que já se disse sobre feminismo e compromisso apaixonado com a natureza e o natural. A princípio, as mães não fazem objeção a que suas filhas vistam um objeto antropomórfico. Isso é encarado como prática de aprendizado e amadurecimento. Mas prefeririam uma figura razoavelmente naturalística e, em muitos casos, andrógina, para se adequar tanto aos filhos quanto às filhas. A Barbie, em contraste, é agressivamente feminina e parece ter sido inventada para enfurecer essas mulheres. Ela não só representa a imagem pré-feminista da mulher tola, sexualizada e viciada em moda como nem sequer consegue ficar de pé. Trata-se de uma derrota esmagadora para pais que juraram que seus filhos jamais sucumbiriam a tais estereótipos sexuais. A Barbie é uma negação não mitigada da projeção narcísica da criança como a mãe purificada.

Já está bem-documentada a capacidade de as crianças estabelecerem contraculturas radicalmente opostas objetificadas em brinquedos a título de insistência vingativa em sua autonomia. A análise que Alison James (a verdadeira inspiração do sorvete Big Foot) fez dos doces para as crianças mostrou como eles representam uma objetificação sistemática da categoria adulta do não comestível.[10] Qualquer visita à loja de doces local revelará que os primeiríssimos objetos que as crianças compram por si mesmas são inversões sistemáticas das ideias dos adultos sobre categorias de comida aceitável. As balinhas baratas muitas vezes têm feitio de meleca, cocô, cadáveres ou formas transgressivas semelhantes. No caso dos doces, podemos entender que a vitória reflete o uso primitivo do trocado como recurso independente. Enquanto os doces são muito baratos, as bonecas Barbie e seu enxoval são caros e se tornam relevantes numa idade inferior àquela dos doces. E é a mãe que compra os objetos que detesta. Por que deve aquiescer tão completamente a essa trágica derrota de seu próprio desejo?

A vitória da Barbie é alcançada pela sua liderança da horda bárbara de mercadorias. Ela polui a mente com consumismo estúpido. Muitas mães afirmaram que a propaganda de televisão e influências externas semelhantes transformaram suas crias naturais em máquinas de absorver quantidades infinitas de bens espalhafatosos. Em consequência, a criança fica arrebatada por um mundo cujos valores são diametralmente opostos àqueles pretendidos pela mãe ou pelo pai. Trata-se de um mundo onde os alimentos são de cores brilhantes, cheios de ingredientes artificiais e de aditivos, e em que os brinquedos são igualmente espalhafatosos, não educacionais e não funcionais. A loja de brinquedos Early Learning é logo substituída por Toys R Us, um lugar de completa aversão para muitas dessas mães, onde não há nenhuma possibilidade de fugir à percepção dos brinquedos como mercadoria de massas com cheiro de materialismo.

A pungência do declínio decorre do fato de a corrupção da criança pelo materialismo evocar diretamente o que as mães veem como sua maior derrota na vida. Elas se recordam de sua época de estudantes, transbordante de ideais e de certa pureza, forjada a partir da rejeição dos valores de seus próprios pais. Isso se fez seguir pelo declínio rumo às preocupações mais materialistas de arrumar a casa e a si mesmas antes do renascimento como mães. Pretendia-se que os cuidados maternais iriam substituir o consumo como forma superior de autoconstrução por meio de uma nova relação social.

Se é a própria mãe que compra as quinze Barbies e a multidão de outros brinquedos que antes abjurara, isso pode ser indício de que ela não mudou seu objetivo mas que desenvolveu uma nova estratégia. Até aquela data, a mãe era vista como a fonte essencial e natural de tudo que entrava na criação de um bebê. Talvez confrontada com um oponente que ameaça sobrepujá-la, sua resposta tenha sido tentar introjetar o inimigo e tornar-se ela própria, mais uma vez, a fonte primária de prazer de sua cria. Como ela já tinha muita experiência em construir-se por intermédio das mercadorias, não é difícil reinstaurar seu papel de consumidora consumada, o meio pelo qual os desejos da criança podem ser gratificados, agora mediante um suprimento de mercadorias.

É provável que esse desenvolvimento das relações mãe-filho(a) esteja impregnado de contradições. Isso foi sugerido quando se observou uma mãe fazendo compras num Woolworths local. Ela havia acabado de se queixar para mim de que sua filha queria uma Barbie de aniversário, mas que a menina já tinha cerca de cinquenta Barbies (um grande exagero). Depois de procurar um pouco, ela escolheu a Barbie que usava um aspirador de pó sem fio. Dois minutos depois, comentou que ela mesma não tinha aspirador sem fio, mas queria um. Logo depois de pagar, observou que lamentava ter comprado aquilo, pois teria sido melhor se a avó da criança (sua própria mãe) o tivesse feito.

O cuidado parental se tornou uma forma de prática trágica, experimentada como uma série de derrotas inevitáveis. Os pais tentam obsessivamente construir barragens e consertar fendas pelas quais vazam a agência e a autonomia crescentes dos filhos. Essa sequência muitas vezes prossegue até uma série muito mais explícita de conflitos, à medida que a criança cresce e entra na adolescência. O campo de batalha se desloca para áreas como jogos de computadores, drogas, festas e outros gêneros da vida adolescente. Em muitos casos haverá tensão semelhante entre a oposição direta ou a tentativa de recomprar a criança tornando-se a fonte primária de aquisição de mercadorias. Porém, assim como a tradição kleiniana está preparada para considerar esses estágios etapas necessárias rumo ao desenvolvimento de uma criança madura, eles também podem ser vistos como a fundação de uma paternidade/maternidade madura, que aprendeu a lidar com os problemas de separação intrínsecos a relações que começam com identidade intensiva e em tese acabam na autonomia. É possível que eu esteja me divertindo um pouco com eles, mas minha intenção não é me opor nem denegrir esses estágios que provavelmente resultam em relações maduras, desde que se aceitem as derrotas constantes. Apesar de eu ter me referido amplamente a mães, esta também foi minha história como pai.

Essa pesquisa pode ser usada para complementar o trabalho de Bourdieu. Ela torna o bordão sobre como os objetos fazem as pessoas algo que podemos reconhecer em nossas vidas, bem como em relatos antropológicos sobre outras sociedades. Um dos objetivos primários da antropologia é a comparação. Uma razão para isso, porém, é que é muito mais difícil para nós avaliar as estruturas subjacentes e não ditas que nos tornam típicos de nossas próprias sociedades até que tenhamos visto o quanto elas são diferentes das bases de comportamento de outros povos. Se observarmos como os inhames fazem as pessoas, então poderemos ver como as bonecas Barbie fazem as pessoas. Ao longo de todo este livro, evidenciou-se que esse uso da cultura material na construção do eu e da sociedade não é específico do capitalismo ou das sociedades mercantilizadas. Ele é encontrado em todas as sociedades. Não surpreende que façamos com as compras aquilo que os cabilas fazem com os implementos agrícolas.

Morte

Trecos dizem respeito tanto à morte quanto à vida, e este livro termina com outro estudo sobre o papel dos objetos, mais uma vez derivado do trabalho de campo numa rua de Londres. Desta feita, contudo, a pesquisa foi feita no sul de Londres.

Se o estudo sobre compras se interessava pelo modo como a acumulação de coisas cria relações sociais, o outro lado dessa moeda parece exigir uma análise de como nos despojamos de coisas e como isso nos ajuda a lidar com a perda de relações.[11]

Há uma bem-estabelecida teoria antropológica sobre o papel de trecos em relação à morte. Argumenta-se que um dos problemas da morte é que muitas vezes ela é inesperada e em geral não planejada – atributo dos mais diruptivos, dada a significação social que atribuímos a ela. Se você não tiver chance de se preparar para a morte, é muito complicado morrer direito, do ponto de vista da sociedade. A solução para o problema é, em termos relativos, ignorar o momento efetivo da morte como mero representante do fim de uma entidade biológica que era a vida. Em vez disso, o evento é usado como sinal para começar a preparar-se para todo um elaborado festim e todos os rituais que devem acompanhar a morte. Algumas sociedades enterram o corpo de imediato, e o desenterram quando seus integrantes estão prontos para festejar o morto (em geral, isso termina com um enterro secundário). Dessa forma, a morte biológica não planejada é substituída por uma morte social planejada. Ora, nesse tocante, os trecos são muito úteis. Se você não pode controlar o modo como se separara do corpo vivo, decerto pode controlar o modo como se separa, ou se despoja, dos objetos outrora associados àquele corpo.

Há muitos modos pelos quais as sociedades se separam dos trecos. Alguns são radicais. Por exemplo, os ciganos franceses estudados por Williams[12] e o povo da Nova Irlanda estudado por Küchler destroem quase tudo antes associado à pessoa. No último caso, eles de fato constroem uma figura substituta da pessoa e concentram seu ritual na destruição e decomposição desse *malangan*, em oposição ao corpo. "A separação física de corpo e alma é representada analogicamente em performances que, passo a passo, desfazem os traços deixados por uma pessoa na matriz social."[13] Essas medidas são tão efetivas que não se lança mão de nenhuma genealogia, nem da memória do indivíduo; só perdura a ideia geral de um ancestral.

Por alguma razão, entretanto, essas observações sobre usar os trecos para lidar com a morte sempre foram feitas a respeito de outras sociedades, nunca foram vistas como algo de particular relevância para nossa própria sociedade. Em contraste, há muito órgãos profissionais que lidam com a morte num lugar como Londres, e muitas teorias psicológicas são usadas na formação desses profissionais. Por uma razão ou por outra, todas elas deram um jeito de ignorar a possibilidade de os trecos desempenharem papel significativo no modo como lidamos com a morte. Há bibliografia sobre os trecos relacionados à morte em nossa sociedade, mas ela se preocupa quase exclusivamente com memorações de vários tipos.[14] Ignorou-se o processo gradual de despojamento que tem lugar ao longo de muitos anos. Isso nos permite voltar ao fim do Capítulo 4 e afirmar que o estudo dos trecos pode contribuir para o bem-estar das populações. Pois quando você desvia sua atenção de profissões, conselheiros e teorias que lidam com a morte em nossa sociedade, e passa a observar o que a maioria das pessoas faz, num lugar como Londres, de repente descobre que os trecos são muito importantes. Os indivíduos, cada qual em seu domínio privado, descobriram sua própria maneira de entender como usar os trecos ao lidar com todos os tipos de perda.

Os primeiros debates sobre esse processo tiveram lugar no período de dominância do funcionalismo na teoria antropológica. Naquela época, era inteligente sugerir que a morte potencialmente destruía a sociedade, e que esta tomava as medidas vigentes para evitar ou reparar eventuais rupturas em seu tecido. Considerava-se sociedade o funcionamento de todos os que empreendiam tais ações coletivas. Hoje, qualificar uma explicação de funcionalista, em antropologia, é quase acusar alguém de pecado original. Secretamente, contudo, mantive alguma afeição pelo funcionalismo e sinto que, em certos casos – e este pode ser um deles –, ele é um modo perfeitamente razoável de pensar sobre como as sociedades efetivamente agem – funcionam. Não que eu queira fetichizar algo chamado sociedade. Porém, por mais surpreendente que seja, muitos de meus informantes usaram uma linguagem que chegou perto daquela empregada pelas teorias antropológicas funcionalistas sobre o ato de despojar-se de objetos, considerando-o uma espécie de mecanismo de reparação que faz os indivíduos se sentirem inteiros ao lidar com a ruptura e o trauma.

A terceira descrição em *The Comfort of Things* diz respeito a Elia, uma descendente de gregos.[15] No início, ela não suportava ver as roupas deixadas pela mãe morta. Guarda-as no fundo do guarda-roupa. Porém, ao longo de um período de quinze anos, o modo como chegou a um arranjo com essas roupas e a forma como as deu para outras pessoas ou usou-as desempenha papel significativo em sua reconciliação com a perda.

Outra das nossas informantes, Nadine, teve de enfrentar a morte da jovem filha num incêndio em seu apartamento, acidente que também destruiu todas as fotos e pertences associados à filha. No começo, Nadine não suportava ver nenhuma imagem ou lembrança da filha; as circunstâncias tinham sido dolorosas demais. Ela ecoava um sentimento muitas vezes evocado por outras pessoas – o que são meras coisas quando uma vida foi perdida? Na segunda fase, ela começou a sentir a perda de imagens e objetos que ainda poderiam homenagear e dar forma à vida que fora vivida. Nadine começou a colecionar, por exemplo, livros e outros objetos que haviam ficado preservados na escola da filha, não em casa. Sem nenhuma posse, primeiro ela teve de acumular para depois se despojar. Esse processo de acumulação e despojamento levou muitos anos, até que afinal os objetos associados à filha se reduziram àqueles que cabiam numa pasta, que ela mantinha guardada, e um só retrato na parede. Hoje, é importante para Nadine que esses objetos não distraiam sua atenção dos outros filhos.

Assim, em Londres, na mesmíssima medida que na Melanésia, as pessoas usam o ato de despojar-se de coisas para manter o controle sobre o processo de separação, o qual é menos violento e súbito que a própria morte. De vez que isso não é socialmente reconhecido como ritual de separação, as pessoas encontram seus próprios caminhos para viver esse processo, e há várias maneiras de concluí-lo. Uma delas pode se chamar *economia* [natural] *dos relacionamentos*. Em certa medida, novos relacionamentos tendem a deslocar ou desalojar relações passadas. O processo de se despojar das coisas após a morte segue um padrão que já estabelecemos como prática regular, quando se trata de separar-se de relações passadas. Lembre-se do argumento desenvolvido no Capítulo 3, baseado no estudo de Marcoux sobre pessoas que mudavam de casa, quanto ao lado positivo de se mudar. Ir para uma nova residência deixando coisas para trás dá oportunidade para atualizar a memória e para a memoração; isso significa, basicamente, decidir que relações passadas ainda importam e até que ponto. "Mudar-se torna-se um meio de rearranjar os relacionamentos e as memórias trazendo-os de volta à consciência, explicitando-os; e de decidir quais reforçar, quais abandonar ou pôr em compasso de espera."[16]

Só podemos manter certo número de objetos como memórias de relacionamentos cada vez mais distantes no passado. O ponto final dessa sequência foi ilustrado na casa de uma anciã, Dora. Fizemos um inventário de todos os objetos encontrados em sua sala de estar, e descobrimos que aquilo era um sumário de toda sua vida. Um dos objetos mais tocantes é o cofre de porquinho cor-de-rosa que ela ainda enche de moedas de 20 pennies. Quando está cheio, ele contém £ 50, que então podem ser gastas, rotina que faz Dora se lembrar de sua origem pobre. Há uma fotografia dela, quando garotinha, que faz com que ela recorde sua vida dura desde o nascimento – o pai foi envenenado a gás nas trincheiras da Primeira Guerra Mundial – e outra dela vestida de bandeirante. Há apenas uma mesa, herdada de sua mãe, lembrando-a da época em que trabalhou pela primeira vez numa máquina de costura. Depois, uma caixa decorada e a sanefa da família judaica que dirigia a loja de consertos e reformas de roupas onde ela trabalhou. Há uma fotografia do primeiro vestido de casamento que fez, seis décadas antes, que tem seu contraponto nos vários exemplos de vestidos bordados em anos mais recentes.

Embora Dora tenha as duas alianças dos dois casamentos, poucas posses restam do primeiro, que atolou na pobreza; só a carta de condolências do governo pela perda do marido. Do segundo casamento, que a levou a Portugal e à Espanha, tem uma mesa, um tapete e um ornamento português. Dora exibe uma foto sua com o marido, num jantar; outra dos ancestrais dele; e uma caixa decorada da família dele. Depois da morte do segundo marido, ela deixou a maior parte de seus pródigos pertences para a família dele, voltando à Inglaterra e tirando da mala algumas coisas que havia conservado. Entre elas, apreciava muito os finos talheres, os porta ovos quentes e as xícaras prateadas de uma loja de alta classe de Londres. Com as economias do cofre de porquinho, ela iria comprar um talher de cada vez, até chegar a cinco, quando o gerente lhe daria o sexto de graça. Dora tem um certificado do serviço de ambulância em que se ocupou durante a guerra e uma foto do refeitório onde depois trabalhou por vinte anos, terminando com um certificado de isenção da City de Londres, onde ficava o refeitório. Há um retrato dos anos 1960 em que está muito bonita, a fotografia de um amigo íntimo, uma carta da sra. Thatcher e o retrato de umas férias na França. Não há razão para imaginar que Dora quisesse montar esse sumário. Trata-se, antes, do resultado da *economia dos relacionamentos*, em que cada relação significativa, com pessoas ou períodos e acontecimentos do passado, foi enfim reduzida a um ou dois objetos, enquanto outras lembranças abriram caminho para novas relações. Claramente, quanto mais relações uma pessoa estabelece, mais qualquer uma delas deve ser podada, reduzida a uma ou duas lembranças totalizantes, nessa cuidadosa economia de memória.

A materialidade de cada um dos gêneros de objetos materiais com frequência também é empregada para determinar a temporalidade do despojamento, a qual pode se aplicar a relações que terminaram por várias razões, não apenas a morte. O desgaste de roupas apresenta um contraste complementar à fixidez das joias. Mas há muitas estratégias bem sutis. Lucy, por exemplo, sabe que a música desempenha papel destacado em sua memória de relacionamentos passados. Se necessário, ela toca uma trilha específica repetidas vezes, até ficar completamente nauseada e achá-la irritante, a fim de se livrar por antecipação da evocação involuntária de um relacionamento do qual ela agora tenta se distanciar. Um homem, que foi deixado inesperadamente por sua companheira há cinco anos, não suportava ler nem deletar e-mails preservados. Na verdade, ele usou nosso projeto para me dar os e-mails e as fotografias digitais em questão, como forma de enfim se separar desses materiais. Eu me tornei o pretexto do afastamento que ele buscava.

Um segundo aspecto desse processo de despojamento nos faz voltar à minha teoria dos relacionamentos incluindo um componente real e outro idealizado. Em Londres, assim como em muitas outras áreas, esse processo também é uma dinâmica na qual um indivíduo se transmuta gradualmente num ancestral, passando a ser lembrado com referência a uma categoria idealizada. A maioria das principais divisões de status social e sucesso que ocorrem durante a vida são inteiramente ignoradas nas relativas homogeneidade e igualdade expressas na maior parte das práticas fúnebres inglesas. O tamanho e a qualidade da lápide nos dizem muito pouco sobre as distinções próprias à pessoa viva. Substituímos a hierarquia real pela igualdade imaginada. De forma semelhante, afirma-se para os netos que a avó não tinha defeitos nem fraquezas, e ela se torna uma categoria altamente idealizada, relacionada à personagem típica muitas vezes retratada na mídia popular. Mais uma vez, a cultura material desempenha papel central para dar clareza a essas normas. O velho relógio ou espremedor manual de roupas fazem da avó falecida uma espécie de figura de museu, evocativa tanto de seu período quanto dela própria.

Isso funciona individualmente e genericamente. Quando nós envelhecemos, com frequência nos relacionamos de forma mais íntima com o passado como categoria. Compramos coisas em mercados de pulgas ou lojas de antiguidades que lidam com essa pátina genérica. Isto é, os objetos são velhos e claramente usados, mas não há conhecimento de nenhum usuário anterior.[17] A maioria das pessoas possui bens pessoais e específicos que podem ajudar essa transição do específico para o genérico. Por exemplo, um dos informantes da pesquisa tem, numa prateleira, uma caixa de estanho da Primeira Guerra Mundial. Era evidente que aquela caixa simbolizava, num nível, a linhagem específica de seu avô, mas, em outro, simbolizava, primeiro, a história britânica e depois a própria História.

Não esperamos que as pessoas conservem objetos ligados à longa decadência dos pais com Alzheimer ou incapacitados por doenças. Em vez disso, elas retêm algumas fotos do casamento, das férias, momentos em que o relacionamento chegou mais perto de seu ideal.[18] Homens mortos são rememorados por outros homens com itens de tecnologia: ferramentas de carpintaria, o bastão de críquete ou sua melhor vara de pescar. Estes são os objetos que ajudam a fundir a memória do ancestral com a conceituação idealizada de um homem, em especial de um trabalhador. Uma mulher é mais suscetível de ser lembrada pelos símbolos de seu amor e cuidado, que também fazem dela uma mulher genérica. O mesmo relacionamento com os ideais sobre as pessoas valeria para ligações com coisas e lugares perdidos, como a terra natal, representada por suvenires idealizados e retratos de cartão-postal, em lugar da eventual pobreza. Assim, as pessoas têm uma economia de relacionamentos que desbasta as coisas até alguns poucos objetos-chave, e também usam esse recurso para transformar a memória do relacionamento, de um componente real em outro mais idealizado.

O processo também funciona ao contrário. Tal como os que se foram transformaram-se em ancestrais genéricos e idealizados pelos que ficaram, a geração mais velha busca usar as peças de herança da família como um tipo de simplificação para algumas condições apreciadas e alguns acontecimentos idealizados. Eles esperam que os objetos selecionados ajudem seus descendentes a se tornar como eles queriam ser. Por exemplo, pais religiosos podem legar objetos sagrados a seus filhos, e, juntando admoestações, tentam garantir grau maior de observância religiosa entre os descendentes. Isso substitui uma antiga prática inglesa de estipular em testamento que o descendente só receberia a herança se se conformasse aos desejos do morto.

Assim, nesse estudo sobre famílias comuns do sul de Londres, mostrou-se que, em quase todos os casos, quando refletiram sobre a perda de um relacionamento, as pessoas de algum modo elaboraram para si um processo de despojamento suscetível de desempenhar um papel maior em suas estratégias para lidar com a perda. Essas elaborações foram criação delas, o que as torna típicas de um argumento mais geral sobre a cultura material. Embora esse processo de despojamento pareça óbvio quando descrito desse modo – e eu diria que quase todos os leitores pensam em exemplos de sua própria experiência –, ele não está em parte alguma da bibliografia sobre como deveríamos lidar com a perda ou de fato lidamos com ela. Não há reconhecimento público, o tema não aparece no que hoje é uma volumosa bibliografia sobre luto e perda por morte em nossa sociedade.

Ao estudar, na verdade, famílias aleatórias, muitas das quais imigraram para a Inglaterra, há outros motivos para se esperar uma diversidade nas práticas observadas. Não obstante, depois de trabalhar com centenas desses indivíduos e famílias, é possível propor generalizações sobre o processo, quase como implicadas na *economia dos relacionamentos*. De modo similar, diferentes gêneros materiais têm propensão a serem usados em processos mais longos ou mais temporários de despojamento. Ao escrever esses relatos de despojamento, a intenção não é impor tais generalizações analíticas como modelo normativo. Não quero dizer às pessoas que elas devem ou não lançar mão desses processos de despojamento a fim de responder às perdas. Nós nos contentamos com o fato de que as pessoas encontram seus próprios caminhos criativos, capazes de funcionar na anonimidade privada de sua relação individual e pessoal com as perdas. Porém, assim como no último capítulo, há uma consequência aplicada a essa pesquisa. A intenção não é ensinar às pessoas comuns o que elas já parecem saber, mas ensinar aos profissionais aquilo que eles parecem ter esquecido. Há muitos casos, por exemplo, em que as pessoas têm de se mudar para um lar de idosos ou uma casa para doentes terminais; aí, facilitar o processo ou fazer arranjos preparatórios ajudaria a tornar os profissionais mais sensíveis àquilo que as pessoas já fazem por si mesmas. É dessa maneira que a pesquisa pode se tornar não só educativa, mas também diretamente aplicada ao crescimento do bem-estar da população pesquisada.

Voltando a preocupações menos aplicadas e mais acadêmicas, ao refletir sobre essas questões de vida e morte, vimos como o estudo da cultura material é pelo menos um caminho tão efetivo para a antropologia dos relacionamentos e a constituição ou o desenvolvimento da individualidade quanto qualquer tentativa de confrontar a natureza dos relacionamentos de forma direta. A análise da cultura material é uma via indireta para compreender as pessoas e os relacionamentos, mas podemos chegar mais depressa ao nosso destino e ir muito mais longe que inúmeras outras vias mais tentadoras e diretas.

De volta ao começo

É possível que alguns leitores vejam os comentários deste livro não apenas como uma introdução à análise dos trecos, mas também como uma celebração. Não há nada de "cafona" em ficar admirado e reverente diante dos trecos como espetáculo. A gama extraordinária de artefatos que criamos rivaliza com a natureza. Não hesitamos em celebrar a natureza. Há um imenso respeito popular, pela voz do naturalista David Attemborough, que dirige nosso olhar para criaturas e paisagens que jamais imaginamos um dia estar em nossa sala. Muitos de nós desfrutamos férias nadando de *snorkel* sobre recifes de coral, nos deleitando com as cores brilhantes e a miríade de formas. A fronteira entre isso e os artefatos se tornou muito indistinta. Professores e empregados de escritório podem gozar de longas caminhadas de fim de semana no que chamamos de natureza, embora saibamos que aquilo é produto de séculos de cultivo e de conflitos. A própria cultura tornou-se muito mais democratizada, e eu não me envergonho de dizer que posso me perder no Radiohead em meu iPod, abandonar-me numa retrospectiva de Satyajit Ray ou Akira Kurosawa no cinema, mas também ficar deslumbrado com um vídeo pop de Beyoncé na MTV. Também vou a exposições comerciais de trecos como outros vão a galerias de arte; as ideias de design expressas na loja Liberty são minha predileção; mas também a criatividade encontrada num mercado da Índia ou das Filipinas que vende brinquedos feitos de latas descartadas. Um interior doméstico me transforma em detetive que examina todo e qualquer indício para compreender as pessoas que produziram aquela galeria de imagens.

Quando param de se locupletar com as cores e os espetáculos, os pesquisadores, por força da profissão, querem se voltar para o conhecimento e a explicação. Contudo, o desejo de aprendizado e erudição não precisa desvalorizar o arrebatamento do espetáculo estético da diferença. Entre pássaros e insetos, podem ter se desenvolvido cores suntuosas e danças extraordinárias como formas propiciadoras de acasalamento. Em sua diversidade, porém, elas transcendem sua causa da mesma maneira que um romance descritivo de trezentas páginas cujo conteúdo, em grande parte, e em certo nível, deriva de imperativo biológico semelhante. Estudos na área das chamadas ciências sociais têm sido tolhidos pela ambição de replicar, na análise da sociedade, a redução do mundo natural à ciência natural. Este livro tentou desenvolver tanto a interpretação quanto o discernimento, mas baseado em etnografia, que é um mundo à parte dos experimentos replicáveis da ciência. Tentativas modernas de criar uma ciência reducionista dos trecos, seja em psicologia, seja em economia, parecem ineptas e grosseiras em comparação com as nuances dos trecos reais à nossa volta. Adoraria ser capaz de replicar aqui algo mais próximo do que ouvi na voz de Attenborough: um êxtase que parece equilibrar perfeitamente sua admiração com o que pode ser explicado e com o que transcende a explicação.

Este é, portanto, um livro que busca entendimento e discernimento, mas tentando evitar reducionismo. Ele celebra indumentária e carros, embora pudesse ter sido pudins, o peculiar, o exuberante e o ridículo em nossa paixão pelos trecos. Mas também mostra como nós buscamos nos tornar filósofos da objetificação, que dissolvem oposições entre pessoas e coisas, espiões em busca de desvendar os códigos de diferença e representação, e juízes de uma nova tecnologia, sabendo se ela irá ou não aumentar o bem-estar de uma população. A ênfase foi posta numa abordagem da cultura material, embora, em várias ocasiões, os trabalhos de outros antropólogos tenham sido mencionados, como Gell, Keane e Latour, que lidam com trecos de maneiras pertinentes e complementares.

A busca de explicações do nosso mundo material contemporâneo tende a girar em torno do estudo do capitalismo, de sistemas de produção e distribuição que proliferam os trecos na vida cotidiana. Não obstante, há muitos debates sobre trecos e muito anseio por bens situados em mundos inteiramente diferentes daquele do capitalismo moderno. Uma das obras de que mais gostei como estudante foi *Science and Civilization in Chine*, de Joseph Needham. Há referências constantes a detalhes, como o surgimento do "primeiro romance do mundo", *O conto de Genji*. O poeta romano Juvenal escreveu versos com vigorosas imprecações contra a ganância e a luxúria. Ainda iremos analisar as causas e consequências do consumo, incluindo o capitalismo. Consequências como pegadas de carbono, mas também pegadas de trabalho, de desperdício, de bem-estar social. E reconhecer a percepção que às vezes temos de que tanto nós quanto nosso planeta estamos nos afogando em níveis sempre crescentes de trecos e seu resultado direto, o desperdício; assim como as angustiantes histórias do Caribe, da Índia ou das Filipinas sobre os sacrifícios, as tristes separações que as pessoas sofrem, mais a cada ano, ao viajar das chácaras e cabanas onde nasceram para se tornar – ou pelo menos ter esperanças de que seus filhos se tornem – senhores da metrópole. Percepção à luz da qual a maioria dos pesquisadores se livra da quimera do espetáculo, a fim de avaliar que grande parte da história humana e da motivação contemporânea gira em torno desses anseios por bens e suas consequências muitas vezes perniciosas.

O Capítulo 2 falou da *humildade das coisas*. Por um lado, a cultura material surge como sociedade tangível, a presença sólida, forte e material que se expõe diretamente, de tal modo que não conseguimos escapar de sua presença. Agora, no fim do livro, tornou-se manifesta a frequência com que o caso oposto também é verdadeiro. Nosso senso comum sobre nossos sensos comuns nos trai e faz suposições desautorizadas. Trecos têm uma capacidade notável de se desvanecer diante dos nossos olhos, tornam-se naturalizados, aceitos como pontos pacíficos, cenário ou moldura de nossos comportamentos. Eles alcançam seu domínio sobre nós porque deixamos de observar o que fazem. As coisas atuam muito mais comumente em analogia às molduras em torno das pinturas do que como as pinturas elas mesmas. Elas nos guiam até o modo apropriado de se comportar e permanecer incontestes, pois não termos a menor ideia de que somos conduzidos. São particularmente eficazes durante as primeiras fases da socialização, período em que se apresentam como nossos professores, mentores e gurus, levando-nos a nos tornar exemplos de uma sociedade, classe ou gênero específico mais efetivamente que qualquer exortação pedagógica explícita.

É essa qualidade sutil, amplamente invisível, de humildade que explica por que temos linguística, geografia e sociologia, mas nunca desenvolvemos uma disciplina acadêmica dedicada à teoria, à análise e ao reconhecimento da cultura material. De certo modo, isso foi muito bom. Este livro não pretende fundar uma disciplina dos trecos. A tendência das disciplinas acadêmicas se tornarem disciplinadoras é forte demais. Eu tendo a evitar debates sobre "Até onde isso é antropológico?" ou "É antropológico o bastante?", colaborando tão alegremente com geógrafos e sociólogos quanto com antropólogos. Sem uma disciplina clara, os pesquisadores interessados na cultura material têm muita liberdade em sua habilidade para perambular pelo mundo e avaliar por que algumas coisas importam, quando e para quem; e por que as pessoas afirmam que coisas que julgamos ter grande importância para elas na verdade não importam.

Como antropólogo, meu método poderia ser mais bem-descrito como envolvimento etnográfico com intenção empática, o desejo de ver coisas do ponto de vista de outras pessoas. Porém, no final de minha jornada, acho que me tornei não apenas empático em relação às pessoas, mas também em relação às coisas. Comecei a ficar triste com a maneira pela qual os trecos comuns passaram e ser negligenciados e postos de lado por uma mídia mais agressiva, sem rodeios e egoísta, assim como acontece com a linguagem e a arte; e com o modo pelo qual as coisas são rebaixadas como mera representação simbólica de pessoas e da sociedade. Pois denegrir coisas materiais, rebaixá-las, é uma das principais maneiras de nos fazer subir em aparentes pedestais. E, dessa altura, reivindicamos uma espiritualidade inteiramente divorciada de nossa própria materialidade e da materialidade do mundo em que vivemos. Eu não estou certo de que a espiritualidade é obtida com ideais de pureza e separação, nem de que o esclarecimento seja alcançado pela negação do material.

Como no início, continuo a ser extremista. Posso me sentar diante de um computador e evocar as abstrações da teoria e da análise. Mas então, após um tempo, mal posso esperar para pegar essas abstrações teóricas e mergulhá-las de volta na algazarra da vida cotidiana e na gloriosa confusão de contradição e ambivalência que ali se encontram. Minha maior admiração e meu respeito se dirigem à ética do pragmatismo e do compromisso, forjados em meio ao labirinto periclitante de trecos entre os quais vivemos. Não busco pureza e princípio. E certamente não desejo pôr os trecos no pedestal, ignorar o prejuízo que isso pode nos causar, nem aviltar ou rebaixar nossa humanidade. Este livro reivindica apenas uma valorização das coisas proporcional ao lugar que elas ocupam em nossas vidas.

Notas

Prefácio: Minha vida como extremista (p.7-20)

1. Por exemplo, *Wild Things*, de Judy Attfield (Oxford, Berg, 1992), é um livro-texto sobre cultura material escrito da perspectiva dos estudos sobre design.
2. S. Hugh-Jones, "Yesterday's luxuries, tomorrow's necessities: business and barter in Northwest Amazonia", in C. Humphrey e S. Hugh-Jones (orgs.), *Barter, Exchange and Value*, Cambridge, Cambridge University Press, 1992, p.42-74.

1. Por que a indumentária não é algo superficial (p.21-65)

1. Entre os exemplos influentes dessa época estão: R. Barthes, *Système de la mode*, Paris, Seuil, 1967 [trad. bras., *O sistema da moda*, São Paulo, Martins Fontes, 2009]; M. Douglas e B. Isherwood, *The World of Goods*, Londres, Allen Lane, 1978 [trad. bras., *O mundo dos bens*, Rio de Janeiro, Editora da UFRJ, 2004]; e M. Sahlins, *Culture and Practical Reason*, Chicago: University of Chicago Press, 1976 [trad. bras., *Cultura e razão prática*, Rio de Janeiro, Zahar, 2003].
2. A seção seguinte é baseada em "Style and ontology in Trinidad", in J. Friedman (org.), *Consumption and Identity*, Amsterdam: Harwood, 1994), p.71-96; e *Modernity: An Ethnographic Approach: Dualism and Mass Consumption in Trinidad*, Oxford, Berg, 1994.
3. A.C. Carmichael, *Domestic Manners and Social Condition of the White, Colored, and Negro Population on the West Indies*, Nova York, Negro University Press, 1833, p.75.
4. M. Freilich, "Cultural diversity among Trinidadian peasants", dissertação de doutorado apresentada à Columbia University, p.73.
5. H.L. Gates, *The Signifying Monkey*, Oxford, Oxford University Press, 1988.

6. T. Morrison, *Beloved*, Nova York, Knopf, 1987, p.162 [trad. bras., *Amada*, São Paulo, Companhia das Letras, 2007].
7. M. O'Hanlon, *Reading the Skin: Adornment, Display and Society among the Wahgi*, Londres: British Museum Publications, 1989; M. Strathern, "The self in self-decoration", *Oceania*, n.44, 1979, p.241-57.
8. A seção seguinte é baseada em M. Banerjee e D. Miller, *The Sári*, Oxford, Berg, 2003, esp. cap. 2, p.23-44.
9. A *zari* é bordada, originalmente feita com fios metálicos, em geral prata folheada a ouro, mas hoje é sobretudo tecida com fios que imitam metal ou plástico.
10. Banerjee e Miller, op.cit., p.32.
11. D. Winnicott, *Playing and Reality*, Londres, Tavistock, 1971.
12. Banerjee e Miller, op.cit., p.34.
13. Algumas das discussões a seguir são baseadas em A. Clarke e D. Miller, "Fashion and anxiety", *Fashion Theory*, n.6, 2002, p.191-214.
14. D. Miller e S. Woodward, "A manifesto for the study of Denim", *Social Anthropology*, n.15/3, 2007, p.325-35; ver também www.ucl.ac.uk/global-denim-project.
15. S. Woodward, *Why Women Wear What They Wear*, Oxford: Berg, 2007.
16. "The little black dress is the solution. But what's the problem?", in K. Ekstrom e H. Brembeck (orgs.), *Elusive Consumption*, Oxford: Berg, 2004, p.113-27.
17. Este material está em Clarke e Miller, op.cit., e também em *A Theory of Shopping*, Cambridge, Polity, 1998.
18. R. Sennett, *The Fall of Public Man*, Cambridge, Cambridge University Press, 1976 [trad. bras., *O declínio do homem público*, São Paulo, Companhia das Letras, 1988].

2. Teorias das coisas (p.66-118)

1. "Archaeology and development", *Current Anthropology*, n.21, 1980, p.709-26.
2. R. Keesing, *Cultural Anthropology: A Contemporary Perspective*, Nova York, Holt, Rinehart and Winston, 1976.
3. D. Miller e M. Spriggs, "Ambon-Lease: a study of contemporary pottery making and its archaeological relevance", in M. Millett (org.), *Pottery and the Archaeologist*, Institute of Archaeology Occasional Publications, n.4, 1979, p.25-34.

4. *Artefacts as Categories: A Study of Ceramic Variability in Central India*, Cambridge, Cambridge University Press, 1985.
5. Ibid., p.51-74.
6. Nada disso é exatamente o mesmo que a teoria do funcionalismo na ciência social, da qual faço uma breve defesa no capítulo final.
7. Por exemplo, M. Douglas, *Implicit Meanings: Essays in Anthropology*, Londres, Routledge, 1978; M. Douglas e B. Isherwood, op.cit.
8. E. Goffman, *Frame Analysis*, Harmondsworth, Penguin, 1975.
9. E. Gombrich, *The Sense of Order*, Londres: Phaidon Press, 1979 [trad. bras., *O sentido da ordem*, São Paulo, Bookman, 2012].
10. *Material Culture and Mass Consumption*, Oxford: Blackwell, 1987, cap. 6, p.85-108.
11. L. Dumont, *Homo Hierarchichus*, Londres, Paladin, 1972 [trad. bras. *Homo hierarchicus*, São Paulo, Edusp, 2008].
12. C. Lévi-Strauss, *The Way of the Masks*, Seattle, University of Washington Press, 1982.
13. As duas fontes que usei para Hegel são: G. Hegel, *Phenomenology of Spirit*, Oxford, Oxford University Press, 1977; e G. Hegel, *The Philosophy of Right*, Oxford, Oxford University Press, 1967. Minha própria discussão sobre Hegel é tirada principalmente de *Material Culture and Mass Consumption*, p.19-33; e, em menor extensão, de *The Dialectics of Shopping*, Chicago, University of Chicago Press, 2001, p.176-205.
14. K. Marx, *Early Writings*, Harmondsworth, Penguin, 1975, p.379-400. Minha discussão está in *Material Culture and Mass Consumption*, p.34-49.
15. K. Marx, op.cit., p.329.
16. G. Simmel, *The Philosophy of Money*, Londres, Routledge, 1978; e G. Simmel, *The Conflict in Modern Culture and Other Essays*, Nova York, New York Teachers College Press, 1968. Minha discussão sobre Simmel é tirada de *Material Culture and Mass Consumption*, p.68-82.
17. N. Munn, *The Fame of Gawa*, Cambridge, Cambridge University Press, 1986; N. Munn, "The transformation of subjects into objects in Walbiri and Pitjantjatjara myth", in R. Berndt (org.), *Australian Aboriginal Anthropology*, Nedlands, University of Western Australia Press, 1986, p.141-63; N. Munn, *Walbiri Iconography*, Ithaca, NY, Cornell University Press, 1973; N. Munn, "Spatiotemporal transformations of Gawa canoes", *Journal de la Société des Océanistes*, n.33, 1977, p.39-52. Minha discussão sobre Munn encontra-se in *Material Culture and Mass Consumption*, p.50-67.

18. Os argumentos desenvolvidos aqui derivam do trabalho de F. Myers, in F. Myers, *Pintupi Self: Sentiment, Place and Politics among Western Desert Aborigines*, Washington, Smithsonian Institution Press, 1986; também de F. Myers, "Some properties of art and culture: ontologies of the image and economies of exchange", in D. Miller (org.), *Materiality*, Durham, NC, Duke University Press, 2005, p.88-117.
19. B. Malinowski, *Argonauts of the Western Pacific*, Londres, Routledge and Kegan Paul, 1922 [trad. bras., *Os argonautas do Pacífico Ocidental*, São Paulo, Abril Cultural, 1978].
20. M. Mauss, *The Gift*, Londres, Cohen and West, 1954.
21. A seção seguinte foi tirada da introdução de *Materiality*, p.1-50.
22. L. Meskell, "Objects in the mirror appear closer than they are", in *Materiality*, p.51-71.
23. M. Engelke, "Sticky subjects and sticky objects: the substance of African Christian healing", in *Materiality*, p.118-39.
24. B. Maurer, "Does money matter? Abstraction and substitution in alternative financial forms", in *Materiality*, p.140-64.
25. M. Rowlands, "A materialist approach to materiality", in *Materiality*, p.72-87.
26. H. Miyazaki, "The materiality of finance theory", in *Materiality*, p.165-81.
27. Meus livros favoritos de Latour são: *We Have Never Been Modern*, Hemel Hempstead, Harvester Wheatsheaf, 1993; e *Pandora's Hope: An Essay on the Reality of Science Studies*, Cambridge, Mass., Harvard University Press, 1999.
28. Ver esp. A. Gell, *Art and Agency: An Anthropological Theory*, Oxford, Oxford University Press, 1998.
29. Entre os exemplos estão T. Ingold, *The Perception of the Environment*, Londres: Routledge, 2000; e C. Tilley, *The Phenomenology of Landscape*, Oxford, Berg, 1994.
30. E. Durkheim, *The Elementary Forms of Religious Life*, Oxford, Oxford University Press, 2001 [trad. bras., *As formas elementares da vida religiosa*, São Paulo, Martins Fontes, 2000].

3. Casas: teoria da acomodação (p.119-63)

1. "Modernism and suburbia as contemporary ideology", in D. Miller e C. Tilley (orgs.), *Ideology, Power and Prehistory*, Cambridge, Cambridge University Press, 1984.
2. "Appropriating the State on the Council Estate", *Man*, n.23, 1988, p.354-72.
3. M. Strathern, *The Gender of the Gift*, Berkeley, University of California Press, 1988.
4. Z. Búriková e D. Miller, *Au Pair* (no prelo); Z. Búriková, "The embarrassment of co-presence: Au Pairs and their rooms", *Home Cultures*, n.3, 2005, p.99-122.
5. A seção seguinte combina "Possessions", in D. Miller (org.), *Home Possessions*, Oxford: Berg,2001, p.07-21, e "Accommodating", in C. Painter (org.), *Contemporary Art and the Home*, Oxford, Berg, 2002, p.115-30.
6. W. Keane, *Signs of Recognition*, Berkeley, University of California Press, 1997.
7. J.-S. Marcoux, "The refurbishment of memory", in *Home Possessions*, p.69-86.
8. A. Clarke, "The aesthetics of social aspiration", in *Home Possessions*, p.23-45.
9. I. Daniels, "The 'untidy' house in Japan", in *Home Possessions*, p.201-29.
10. P. Garvey, "Organised disorder: moving furniture in Norwegian homes", in *Home Possessions*, p.47-68.
11. A maior parte do material a seguir deriva de *Modernity: An Ethnographic Approach*, Oxford, Berg, 1993; ver também "Migration, material culture and tragedy: four moments in Caribbean migration", in P. Basu e S. Coleman (orgs.), *Mobilities*, n.3/3, 2008, p.397-413.
12. V.S. Naipaul, *A House for Mr Biswas*, Londres, André Deutsch, 1961, p.14.
13. *Trinidad Express*, 20 out 1988.
14. *The Bomb* (semanário de Trinidad), 21 dez 1990.
15. M. McMillan, "The West Indian 'front room' in the African diaspora", *Fashion Theory*, n.7/3, 2003, p.397-414.
16. *The Comfort of Things*, Cambridge, Polity, 2008.
17. H. Horst, 'Back a Yaad: constructions of home among Jamaica's return migrant community', dissertação de doutorado, University of London; H. Horst, "A pilgrimage home", *Journal of Material Culture*, n.9, 2004, p.11-26; H. Horst, "Landscaping Englishness: the postcolonial predica-

ment of returnees in Mandeville, Jamaica", in R. Poter, D. Conway e J. Phillips (orgs.), *The Experience of Return Migration: Caribbean Perspectives*, Aldershot, Ashgate, 2005), p.207-23; e H. Horst, "'You can't be two places at once': rethinking transnationalism through Jamaican return migration", *Identities: Global Studies in Culture and Power*, n.14/1, 2007.

18. "Behind closed doors", in *Home Possessions*, p.1-22.

4. Mídia: cultura imaterial e antropologia aplicada (p.164-99)

1. A seção seguinte foi retirada de D. Miller e D. Slater, *The Internet: An Ethnographic Approach*, Oxford, Berg, 2000.
2. A seção seguinte foi retirada de H. Horst e D. Miller, *The Cell Phone: An Anthology of Communication*, Oxford, Berg, 2006.
3. O material a seguir é proveniente de "The fame of Trinis: websites as traps", *Journal of Material Culture*, n.5, 2000, p.5-24.
4. M. Malinowski, *Coral Gardens and their Magic*, Bloomington, Indiana University Press, 1935.
5. A. Gell, "The technology of enchantment and the enchantment of technology", in J. Coote e A. Sheldon (orgs.), *Anthropology Art, and Aesthetics*, Oxford, Oxford University Press, 1992, p.40-66.
6. A seção seguinte foi retirada de Miller e Slater, *The Internet*, cap. 7, p.173-93.
7. J. Dibbell, "A rape in cyberspace", in J. Dibbell, *My Tiny Life*, Nova York, Owl Books, 1998.
8. O material a seguir é proveniente de "The young and the restless in Trinidad: a case of the local and the global in mass consumption", in R. Silverstone e E. Hirsch (orgs.), *Consuming Technology*, Londres, Routledge, 1992, p.163-82.
9. A seção seguinte foi retirada de "What is a mobile phone relationship?", in E. Alampay (org.), *Living the Information Society in Asia*, Singapura, Institute of South East Asian Studies, 2009, p.24-35.
10. R. Pertierra, E. Ugarte, A. Pingol, J. Hernandez e N. Dacanay, *TXT-ING Selves: Cellphones and Philippine Modernity*, Manila, De La Salle University Press, 2002; e R. Pertierra, "Mobile phones, identity and discursive intimacy", *Human Technology*, n.1, 2005, p.23-44.
11. R. Parreñas, *Servants of Globalization*, Stanford, Ca., Stanford University Press, 2001; R. Parreñas, *Children of Global Migration: Transnational*

Families and Gendered Woes, Stanford, Ca: Stanford University Press, 2005; e R. Parreñas, "Long distance intimacy: class, gender and intergenerational relations between mothers and children in Filipino transnational families", *Global Networks*, n. 5/4, 2005, p.317-36.
12. Parreñas, *Children of Global Migration*, p.129.
13. *Material Cultures*, Chicago, University of Chicago Press, 1998.
14. A seção seguinte foi retirada de H. Horst e D. Miller, *The Cell Phone: An Anthropology of Communication*, Oxford, Berg, 2006.
15. M. Douglas e S. Ney, "Communication needs of social beings", in M. Douglas, *Missing Persons: A Critique of Personhood in Social Sciences*, Berkeley, University of California Press, 1998, p.46-73.
16. R. Abrahams, *The Man-of-Words in the West Indies: Performance and the Emergence of Creole Culture*, Baltimore, Johns Hopkins University Press, 1983.
17. Douglas e Ney, "Communication needs", p.46.
18. H.A. Horst e D. Miller, *The Cell Phone: An Anthropology of Communication*, Oxford, Berg, 2006.
19. A. James, "Confections, concoctions and conceptions", in B. Waites, T. Bennett e G. Martin (orgs.), *Popular Culture: Past and Present*, Londres, Croom Helm, 1979, p.294-307.

5. Questão de vida ou morte (p.200-30)

1. P. Bourdieu, *Outline of a Theory of Practice*, Cambridge, Cambridge University Press, 1977.
2. L. Layne, "He was a real baby with baby things: a material culture analysis of personhood, parenthood and pregnancy loss", *Journal of Material Culture*, n.5, 2000, p.321-45; e L. Layne, *Motherhood Lost: The Cultural Construction of Miscarriage and Stillbirth in America*, Nova York, Routledge, 2002.
3. A seção seguinte foi retirada de "How infants grow mothers in North London", *Theory, Culture and Society*, n.14, 1997, p.66-88.
4. M. Klein, *Envy and Gratitude and Other Works*, Londres, Delacourte Press, 1975.
5. Strathern, *Gender of the Gift*, p.250 e 252.
6. *A Theory of Shopping*, Cambridge, Polity, 1998.
7. A. van Gennep, *The Rites of Passage*, Londres, Routledge, 1977 [trad. bras., *Os ritos de passagem*, Petrópolis, Vozes, s.d.].

8. Klein, *Envy and Gratitude*, p.1-24.
9. Ver também R. Parker, *Torn into Two: Mothering and Ambivalence*, Londres, Virago, 1995.
10. James, "Confections, concoctions and conceptions".
11. A seção seguinte foi retirada de D. Miller e F. Parrott, "Loss and material culture in South London", *Journal of the Royal Anthropological Institute*, n.15 2009, p.502-19.
12. P. Williams, *Gypsy World: The Silence of the Living and the Voices of the Dead*, Chicago, University of Chicago Press, 2003.
13. S. Küchler, *Malanggan: Art, Memory and Material Culture*, Oxford, Berg, 2002, p.22; ver também S. Küchler, "Malanggan: objects, sacrifice and the production of memory", *American Ethnologist*, n.15/4, 1998, p.625-37.
14. E. Hallam e J. Hockey, *Death, Memory, and Material Culture*, Oxford, Berg, 2001.
15. *The Comfort of Things*, p.32-45.
16. Marcoux, "The refurbishment of memory", p.83.
17. N. Gregson e L. Crewe, *Second Hand Cultures*, Oxford, Berg, 2003.
18. E. Goffman, *Gender Advertisements*, Londres, Macmillan, 1979.

Agradecimentos

Sempre achei que um tema chamado antropologia social podia dar um jeito de ser muitíssimo mais social do que comumente é. Por conseguinte, há muitos anos mudei minha maneira de trabalhar. Cada vez mais realizo toda a pesquisa em colaboração. Isso significa que, embora este livro seja basicamente sobre minha pesquisa, ele apresenta resultados e ideias que, na maioria das vezes, só foram desenvolvidos pelo meu engajamento com outras pessoas. É impossível, por exemplo, ver a discussão sobre o sári, no Capítulo 1, sem que ela também seja simultaneamente creditada a Mukulika Banerjee; ou a pesquisa sobre o telefone celular jamaicano sem que seja igualmente vista como trabalho de Heather Horst. Outros colaboradores da pesquisa incluem: Zuzana Búriková, para o trabalho sobre prestações mútuas de serviço; Alison Clarke, para o trabalho sobre fazer compras; Mirca Madianou, para a pesquisa sobre relações a longa distância; Lucy Norris, para o trabalho sobre vestuário e desperdício; Fiona Parrot, para a pesquisa sobre perda; Don Slater, para o trabalho sobre internet em Trinidad; e Sophie Woodward, para o trabalho sobre o jeans.

Um dos prazeres de meu trabalho tem sido a colaboração com estudantes, especialmente com doutorandos. Isso dá um orgulho vicário que não é de todo diferente daquele que há entre pais e filhos. Como neste caso, é frequentemente a parte mais jovem que mostra muito mais maturidade que a mais velha. Há anos fundei algo que chamamos de grupo de jantar-beber, que se encontra mensalmente para beber, debater ensaios previamente distribuídos pelos estudantes e depois comer (e ocasionalmente para uma festa). Às vezes nas casas uns dos outros, às vezes na minha sala na universidade, às vezes em restaurantes.

Graças a esse formato, com frequência nasceram amizades e também publicações cooperativas. Estas últimas, por sua vez, refletem a influência recíproca entre o que muitas vezes começou como um projeto completamente diferente. Isso facilitou a produção de compilações com relativa coerência quando comparadas à maioria dos volumes desse tipo. Assim, devo muito a meus doutorandos passados e presentes: Ivana Bajic, Ira Berdichevsky, Julie Botticello, Achsah Carrier, Pat Clark, Alison Clarke, Magda Craciun, Dimitrios Dalakaglou, Inge Daniels, Adam Drazin, Justin Finden-Crofts, Pauline Garvey, Cleo Gougoulis, Martha Guarneros, Anat Hecht, Heather Horst, Gabrielle Hosein, Neil Jarman, Mark Johnson, Emma Lindblad, Tom McDonald, Desmond Mallikarachichi, Simone Mangal, Jean-Sébastien Marcoux, Marjorie Murray, Razvan Nicolescu, Kaori O'Connor, Bodil Olesen (honorário), Panarai Ostapirat, Andrea Pellegram, Anna Pertiera, Elia Petridou, Sigrid Rausing, Tom Rogers, Ed Ross, Florian Schlichting, Miran Shin, Andrew Skuse, Jo Tacchi, Chang-Kwo Tan, Sophie Woodward. Além disso, houve visitantes constantes ao longo dos anos, estudantes que vinham por apenas alguns meses, juntavam-se ao grupo e depois partiam; eu simplesmente não consigo mencionar todos eles, e espero que possam me perdoar. Outras que comentaram este manuscrito são Eleana Yalouri e Karen Ida Dannesboe, bem como revisores anônimos.

Tenho também uma dívida considerável com meus colegas ao longo de anos de estudos da cultura material na University College London: Barbara Bender, Victor Buchli, Paolo Favero, John Gledhill, Suzanne Küchler, Chris Pinney, Michael Rowlands, Chris Tilley e Graene Ware. O único lugar em que trabalhei foi na UCL, e nem sequer uma vez fui tentado por qualquer outra função em potencial. Também há muitos colegas em todo o mundo que me estimularam e inspiraram de tempos em tempos, e me ajudaram especialmente quando eu estava começando a desenvolver estas ideias. Por exemplo: Rob Foster, Nicky Gregson, Caroline Humphrey, Webb Keane, Marilyn Strathern, Nicholas Thomas e Rick Wilk. Assim como outros, infelizmente falecidos, como Judy Attfield, Alfie Gell e Marianne Gullestad.

Em um registro mais pessoal, foram de particular importância a amizade e o conselho, ao longo dos anos, de Mukulika Banerjee, Kathryn Earle e Stephen Frosh. Nada do que fiz jamais foi possível sem o apoio de Rickie, Rachel e David, e eu gostaria de agradecer a Rickie, em particular, por sua assistência na edição do texto. Finalmente, sou grato a um vasto número de pessoas, as quais me concederam uma tão generosa ajuda durante o trabalho de campo numa dúzia de diferentes países ao longo de muitos e muitos anos. Não posso nomeá-los, mas são suas ideias e ações que informam este livro.

Índice remissivo